Inhaltsverzeichnis

Vorwort

Das vorliegende Büchlein soll einen unterhaltsamen Einblick in das alte Hanau geben. Die Geschichten reichen zurück bis in die Zeit Napoleons und die Zeit vor dem Ersten Weltkrieg. Sie erzählen aber auch vom Alltag während des Zweiten Weltkriegs, als große Teile der Stadt in Schutt und Asche versanken, und der Nachkriegszeit. Wir Hanauer trauern bis heute um das alte Stadtbild. Gemeint sind die mittelalterliche Altstadt und die Neustadt Hanaus mit den unvergessenen Barockgiebeln und den großen freien Plätzen.

„Es gefällt mir in dieser heiteren Stadt. Alles darin hat ein freundliches behagliches Ansehen, fern vom eitlen Prunk, aber auch von zu enger Beschränktheit. Man erblickt keine Paläste, doch viele recht hübsche Häuser; keine glänzenden Equipagen rollen durch die Straßen, dennoch sind diese nicht öde, und obgleich man das rastlose Treiben großer Handelsstädte hier nicht findet, so herrscht doch überall emsiger, nicht ängstlicher Fleiß, und reges, wenngleich ruhiges Leben. Alles grünt und blüht ringsumher wie ein Garten, jedes Fleckchen Land wird mit Sorgfalt benutzt und angebaut, und so gewinnt die Gegend einen mannigfaltigen ländlichen Reiz, der für höhere Schönheit gewissermaßen entschädigt." (aus: Typisch hessisch, hrsg. von Herbert Heckmann und Walter Michel, 2001)

So hat Johanna Schopenhauer (1766–1838), Mutter des bekannten Philosophen Arthur Schopenhauer (1788–1866), die Zeit in Hanau vor ca. zweihundert Jahren beschrieben. Wahrscheinlich hat sie sich nur in den großzügig gestalteten Straßen der Neustadt aufgehalten. Sie hat die Stadt so beschrieben, wie sie auch mir heute noch in Erinnerung ist. Hier tummelten sich die Hanauer Originale wie Karlchen Horst, der Kippenstecher und Kikeriki, der seinerzeit allseits bekannte Zeitungsausträger, denen auch ich nicht selten begegnet bin.

Weit vor meiner Zeit fanden dagegen der heimliche Besuch Napoleons und die Beseitigung der Esplanade statt. Auch davon wird im Buch erzählt.

Dieser Band wird bei denen, die einige der im Buch beschriebenen Ereignisse in Hanau miterlebt haben, Erinnerungen wachrufen. Der Hanauer „Neubürger" kann sich ein Bild vom historischen Hanau machen.

Als „Anfangachtziger" beginnen meine wirklichen Erinnerungen im Jahre 1930. Über die Zeit davor galt es fleißig zuzuhören und zu recherchieren. Dabei interessierten nicht vorrangig die großen und wichtigen Ereignisse der Stadtgeschichte. Viel interessanter und unterhaltsamer schienen mir die kleinen, scheinbar unwichtigen Begebenheiten zu sein, die einen Einblick in den Alltag der Menschen im alten Hanau ermöglichen. Wilhelm Ziegler stand mir mit seinen Tagebuchaufzeichnungen dabei gleichsam hilfreich zur Seite.

Möge der Gang durch Bereiche der Hanauer Stadtgeschichte und die Begegnungen mit alten Hanauern den Leserinnen und Lesern Freude bereiten.

Dietrich Brüggemann

Hanauer Originale

In einem Vortrag, den Peter Oberländer am 11. Februar 1928 in der Damensitzung der 1. Hanauer Karnevals-Gesellschaft gehalten hat, wurden nicht weniger als ca. 190 Utznamen und ca. 90 Familiennamen, teilweise mit Vornamen, genannt. Manchmal wurde auch der Utzname zum Vorname oder auch umgekehrt der Utzname zum Nachname genannt. Leider ist die Zuordnung der Utznamen nicht lückenlos erfolgt, sodass mancher Inhaber eines Utznamens bis heute unbekannt geblieben ist und voraussichtlich auch bleiben wird.

Doch keine Regel ohne Ausnahme. So erinnert sich Günther Dörr als „alter Hanauer" an verschiedene Originale der damaligen Zeit:

De „Straminbäggär"

Nach der Erzählung von meim Schwichervadder Bäggärmaster Adam Grünewald hadde de Stramin-Bägger Schlappe aus gestreiftem Stramin an, un ging jeden Morje in de Schlappe zum Fristick in ‚Die Reb', wo er sisch mid annere Handwärjär zum Schobbe draf." Die Gaststätte „Zur Goldenen Rebe" befand sich in der Rebengasse 12. Beim Stramin handelt es sich übrigens um ein besticktes, gobelinartiges Gewebe.

„De Stramin-Bägger had den letzten Laib Brod in de Ofe geschosse un bevor er in ‚Die Reb' gegange is, befahl er seim Lehrbub nach dem Brod zu gugge, un wenn's fäddisch is, aus dem Ofe zu hoole und hadd noch zu ihm gesächt: ‚Wenn's Brod bockelt, hol's ausem Ofe raus, damid es ned zu dungel wärd. Er saß noch in de ‚Reb', als es nach verbranndem Brod roch. Da is er in die Backstubb ge-

Hier ein Einblick von der Hospitalstraße in die Rebengasse mit dem Gasthaus „Zur goldenen Rebe" im Jahre 1938. Diese Straße geht heute noch durch bis zum „Bangert", mündet also in die Straße „Im Bangert".

stärmmd, wo de Lehrbub vorm Ofe saß und eugeschlaafe war. Mit ner Ohrfeich haddern uffgeweckt un gebrüllt: ‚Warum is des Brod noch im Ofe?' Darauf hoad de Lehrbub gesächt: ‚Master, des Brod hat noch nett gebockelt!'"

Was meint der Bäckermeister mit dem „Bockeln"? Es bedeutet: Man klopfte mit den Fingerknöcheln auf den Boden des Brotes und konnte am Ton feststellen, ob es richtig durchgebacken war. Vielleicht hatte aber auch der Lehrmeister vergessen, dem Lehrjungen zu erklären, dass er dazu den Brotlaib aus dem Ofen nehmen musste? Der Lehrjunge wartete vergebens auf das „Bockelgeräusch" aus dem Ofen!

Die Utznamen und ihr Geheimnis

Damit sich der Leser eine ungefähre Vorstellung der von Peter Oberländer im Vortrag erwähnten drastischen Utznamen machen kann, sollen hier einige folgen:

die Speckhaut – die Bauchtrommel – der Hitzeblitz – der Bommerantzefritz – des Pomadedippe – der Gottverdippel – die Scharewakslies – die Lahm-Sanne – der Ledderbeutel – die Spatzehochzeit – der Schinner Henz – der Verschwender – der Wassem – der Gottlob – der Graf Bebder – die Speckmathilde – der Pappmeier – der Buckel-Preis – Spätbrenner – der Himmelsapperment – der Brantweinseffer – der Socke – der Kalmuck – der Butterweck – der Brocke – der Worschtfettkopp – der Daumelutscher – die Knotterbix – der Straminbäcker – der Dauwefritz – der Seidelbast – der Schmalmiddag – der Matzeaach – der Gaasbock – der Bleiweissnawwel – der Flöhschissberger – ...

...Soweit die Utznamen einer Seite seines Vortrags. Weitere fünf Seiten sind noch vorhanden. Wie schon erwähnt, sind auch die bürgerlichen Namen aufgeführt. Soweit Vor- und Nachnamen im Bericht stehen, sollen diese nun aufgeführt werden. Von manchen Hanauer Bürgern finden sich auch der Nachnamen und der Beruf:

Heiner Meth – Käthel Dauterich – Oskar Michel – Dortsche Schnecke – Jean Lehmann – Lotte Riefer – Käthel Grass – Leicheträger Merk – Gustav Zwicker – Israel Holzappel – Simon Lembach – Lene Schwind – Janette Kunkel – Hannche Flemming – Kasper Menge – Schneider Gerlach – Hannes Ohler – Peter Dietz – Mine Wegmann – Philipp Krebs – Gärtner Weyer – Lenhard Steinberger – Aag Gyse – Daniel Thaler – Bissi Kreuter – Itzick Müller – Andreas Beck – Heiner Pfeiffer – Ernst Töpfer – Frau Kreidemann – Jakob Stieger – Gustel Sator – Jakob Schlemmer – Karl Seim – Kerchediener Dibelius – Schuster Kracker – Ernst Grimm.

Die Zuordnung von Utzname zu richtigem Name bleibt ein Geheimnis. Sollte sie älteren Hanauer Leserinnen und Lesern bekannt sein, bittet der Autor um Mitteilung.

„Goole, Brigädds, Goole, Brigädds!"

So rief Kohle-Zeller, der Kohlenhändler aus dem Main-kanal Nr. 8, wenn er seinen alten Kohlen-Gaul am langen Zügel hinter sich herzog. Es war schon ein trau-riges Bild, wenn er den mit einigen Säcken mit Eierkoh-len oder Braunkohlenbriketts beladenen Wagen über den langen Anmarschweg vom Westbahnhof bis in die Stra-ßen der Altstadt oder kleineren Nebenstraßen der Neu-stadt Hanaus führte und seine Ware mit heiserer Stimme anpries. Natürlich gehörte auch gebündeltes Anmachholz und gehacktes Scheidholz in Säcken abgefüllt, getrennt nach Hart- und Weichholz, zu seinem Angebot. Wenn er den Wagen voll beladen hatte, lief seine Frau Mathilde ne-ben oder hinter dem Wagen her, um ihrem Mann beim Ab-laden der meist einen Zentner schweren Säcke zu helfen.

Bild rechts: Das einzige am Mainkanal wieder aufgebaute Haus ist das Haus Nr. 4 im Vordergrund rechts, in dem meine Eltern und Ge-schwister im 1. Stock links bis 1927 wohnten. Nach meiner Geburt im Gustav-Adolf Krankenhaus (heute Martin-Luther-Stiftung) gab es für mich nur ein Gastspiel von wenigen Tagen und die Familie zog in die Akademiestraße 2. Das weiße große Haus war die Nr. 6, in dem auch die Zeitzeugin Doris Tempel (heute Ehlert) damals mit ihren Eltern und Schwestern wohnte. Nach dem Einwohnerverzeichnis von 1938 war das Kohlengeschäft Zeller unter dem Namen Mathilde Zeller einge-tragen. Das Ehepaar Zeller wohnte im Hause Müller, Am Mainkanal Nr. 8. Im Hinterhof war das nachstehend abgebildete langgezogene Stallgebäude mit Scheunendach. In einem dieser Ställe war auch das Pferd des Kohlenhändlers Zeller und auch sein kleines Kohlenlager un-tergebracht. Wie Doris Ehlert berichtet, habe sie und ihre Schwester als junge Mädels um die Mittagszeit immer wieder den Kohle-Zeller von der Stadt nach Hause kommend erwartet, in der Hoffnung, dass das Pferd vielleicht die damals so kostbaren „Pferdeäpfel" als willkom-menen Dünger für den Garten fallen lassen würde, die sie dann schnell in einem Eimer aufgesammelt hätten.

Die langen Stallungen erstreckten sich hinter dem Haus Nr. 8 und grenzten in Richtung Philippsruher Allee an das Grundstück Nr. 8 a oder 8 b.

Leider waren meine Begegnungen mit Kohle-Zeller, wie ihn alle Leute in Hanau nannten, nicht sehr häufig. Die Kinder sollen auch „Scheppe-Zeller" hinter ihm hergerufen haben. Seine rachitisch rundgebogenen Beine waren sicher auch berufsbedingt, erschwerten seine tägliche Arbeit und ergänzten den traurigen Anblick, wenn er mit seiner Frau und seinem langsamen Pferd, den Holzwagen mit eisenbeschlagenen Holzspeichenrädern ziehend, durch die Straßen rumpelte.

Die älteren Jungen machten uns schon Anfang der dreißiger Jahre auf den Kohle-Zeller aufmerksam. Sie eroberten schon vor uns um 1930 die Hanauer Innenstadt, da viele von ihnen täglich nach Hanau in die Schule mussten. So haben sie uns schon sehr früh von dem berufsmäßig fast immer ganz schwarzen Kohle-Zeller berichtet. Ob er in den Vormittagsstunden noch etwas weniger schwarz war, konnten wir nie feststellen. Viele Menschen mussten damals sehr

Der Mainkanal bei Hochwasser. Auf den Bild zu sehen ist von rechts Haus Nr. 2, 4, 6 und Nr. 8, hinter dem Kohlen-Zeller sein kleines Lager in dem zuvor zu sehenden Stallungen hatte. Die in den Häusern wohnenden Personen mussten mit Ruderbooten in Richtung Westbahnhof abgeholt werden und von dort bei Bedarf auch in Richtung Kesselstadt über die überschwemmte Philippsruher Allee bis zur Hellerbrücke, manchmal gar bis an die Hintergasse, Mittelstraße oder gar Ankergasse gerudert werden.

sparsam mit dem Geld umgehen und konnten sich nur wenige Säcke Kohlenvorrat leisten. So war der Kohle-Zeller gezwungen, laut „Goole, Brigäds" rufend durch die Straßen Hanaus zu ziehen und den weniger bemittelten Bürgern das notwendige Heizmaterial für den täglichen Bedarf frei Haus zu liefern. Von den Zeitzeuginnen Anneliese Riedel-Deines und Doris Ehlert-Tempel, die am Mainkanal im Hause Nr. 6 wohnten, war zu erfahren, dass die beiden Wohnungen im Erdgeschoss aufgrund des fast alljährlichen Hochwassers nicht vermietet werden konnten. In einer dieser Wohnungen wohnten die Kohlen-Zellers. Bei drohendem Hochwasser hauste die Familie Zeller wohl über den Stallungen.

Die „Mainkanal-Promenade" bei normaler Wasserhöhe im Jahre 1895. Rechts das noch heute existierende Haus Nr. 4. Im links daneben liegenden Gartengrundstück steht heute das Haus des kürzlich verstorbenen Kreishandwerksmeisters Willi Herms.

Nach Aussage der Zeitzeugen war es wirklich so, dass die Grundfarbe schwarz zumindest bei dem älteren Zeller vorherrschte. Es lebte nämlich noch ein weiterer Zeller im Hause. Wer von den beiden der Peter und wer der Nikolaus war, ist nicht bekannt.

Für mich als Kind war dieses schwerstarbeitende Zeller-Ehepaar ein unvergesslicher Anblick und ein Beispiel großer Armut und Not. Niemals konnte ich mir vorstellen, solchen körperlichen Belastungen gewachsen zu sein.

Die Beethovenplatzbewohner waren in höchster Form verwöhnt. Vor Anbruch der Heizperiode bestellten unsere Eltern den bei den Hanauer Stadtwerken im Gaswerk anfallenden Gaskoks, und die „Kohlenmänner" schleppten zwischen 50 bis 100 Zentner in den von jedem Bewohner mit angemieteten Kohlenkeller. Es gab also keine

Fernheizung für den viel gepriesenen und wirklich heute noch wunderschönen Beethovenplatz, sondern alle Wohnungen hatten eine eigene, für damalige Verhältnisse sehr moderne Etagen-Zentralheizung. Jede Wohnung hatte einen ausgemauerten runden, dunkelgrünen Koksofen in der Küche neben dem Gasherd stehen. Durch ein dunkles Oberteil mit Klappe wurde der Ofen von oben beschickt. Die Feuerung musste unten regelmäßig entschlackt werden. Wir hatten das Pech, noch vor Beginn des Krieges einen Rohrbruch im Heizkessel zu erleben und ein Großteil des Wassers strömte aus den Heizkörpern in die Küche. Wir wohnten im Erdgeschoss und unter uns war glücklicherweise nur eine große Waschküche. Wir bekamen damals einen modernen Heizkessel mit „fast" automatischer Regelung. Sehr früh wurden wir von den Eltern mit dem Kohlenholen aus dem Keller beauftragt und als wir größer wurden, besserten wir unser Taschengeld mit dem Kohlenholen für ältere Mitbewohner im II. Stock auf.

Der Westend-Kohlenlieferant A. Uffelmann

Neben dem Kohle-Zeller, der mit seiner Hände Arbeit sein Brot verdiente, gab es noch den Kohlenhändler Adam Uffelmann in der Huttenstraße 9! Eine große überbaute und heute noch vorhandene Toreinfahrt führte in den großen Hof des Anwesens. Im Hof waren Stallungen für die Pferde, ein Scheunenraum für Stroh und Heu und überdachte Lagerplätze für die verschiedenen Kohlensorten und das trockene Brennholz. Er hatte auch einen Sohn, der etwa vier Jahre älter war als wir und vor dem wir sehr großen Respekt hatten. Heimlich hatten wir uns einen nie nachgerufenen Scherzvers ausgedacht: „Uffel-Kamuffel, mit seine dicke ‚Ellefande'!" Seinen Vater Adam Uffelmann, ja, den hätten Sie einmal sehen müssen. Ein großer stattlicher Mann mit solider Lederschürze, Lederkappe mit Schild, blank geputzten schwarzen Stiefeln, Kordhosen und kariertem Hemd. So führte er seine zwei prächtigen Kaltblutpferde – das waren die zuvor benannten „Ellefande" –, die einen schwer beladenen Plattformholzwagen zogen, aus der Toreinfahrt auf die Straße. Die Prachtpferde waren immer frisch gestriegelt und die Hufe schwarz gestrichen. Auf der Straße angekommen, hielt das Fuhrwerk an, Herr Uffelmann stieg hinter den Pferden auf die Sitzbank und los ging's zu seinen Kunden.

Die Kohlensäcke hatten eine ganz besondere Form. Sie waren breiter als ein Kartoffelsack, dafür aber nicht so lang. Sie hatten am oberen Ende zwei starke angenähte Stricke, die am offenen Ende einen dicken Halteknoten hatten. Somit konnte Herr Uffelmann mit seinen Helfern die schweren gefüllten Säcke besser tragen. War es ein größerer Auftrag, so wurde die Plattform wenn nötig auch „zweistöckig" beladen. Zum Abladen beim Kunden setzten die Kohlenmänner meist eine Kapuze mit einer ca. 70 cm langen Verlängerung auf, damit beim Entleeren der Säcke im Kohlenkeller kein Kohlenstaubgrieß

Zum Kriegsende am 6. Januar oder 19. März 1945 wurden in der Huttenstraße mehrere Häuser und auch das Anwesen des Kohlenhändlers Uffelmann schwer zerstört. Die große Überbauung mit der Durchfahrt ist wieder aufgebaut und auch heute noch in Haus Nr. 7 vorhanden. Die Hausnummer 9 ist ganz verschwunden. Dafür gibt es die Nr. 7a. Man wohnte damals hinter den Trümmern in einer Baracke und betrieb von dort aus den Kohlenhandel. Von den Stallungen und auch der Baracke ist heute nichts mehr zu sehen.

in den Kragen rutschte und den Rücken verletzte. Es war ja nicht nur zu liefern. Nein, die Kohlen oder die Briketts mussten im Hafen oder am Güterbahnhof abgeholt werden, wenn sie nicht von dort mit dem Lastwagen angeliefert wurden. Und dann hieß es, jeden Tag das Heizmaterial in die Säcke einzufüllen, auf die Waage zu stellen und die Lieferung für den nächsten Tag vorzubereiten. Im Gegensatz zum „Kohle-Zeller" war Herr Uffelmann eigentlich nie „schwarz" und in den Abendstunden sah man ihn gar manches Mal frisch gekleidet zur Gaststätte „Rosenau" oder, wenn es etwas weiter weg sein durfte, zum „Hopfengarten" nach Kesselstadt wandern, um seinen Durst zu stillen.

Friedrich King alias „Gickel King"

D er Friseurmeister Matthäus Steiger berichtet vom Großvater seiner verstorbenen Frau, Friedrich King: „Der Vater von Friedrich King, Max King, kam aus Karlsruhe und heiratete in Hanau Ernestine Eisenach. Friedrich King wurde am 19. Dezember 1861 in Hanau geboren und verstarb an den Folgen eines Sturzes vom Fahrrad am 8. 1. 1934. Er war mit Franziska Schneider verheiratet."

Friedrich King war einer der vielen Spaßvögel, die zu Ende des 19. bis weit in das 20. Jahrhundert in den Hanauer Gaststätten, bei Familienfesten und bei öffentlichen Anlässen für Stimmung und Gelächter sorgte. Der Hanauer Anzeiger berichtete 1974 kurz nach der Gründung des leider nicht mehr existierenden „Hanauer Bürgerclubs" durch Hans Kegelmann und Fritz Reichert, ausführlichst in unserem schönen Dialekt über einen der

„Gickel King" auf einer Kopie aus einem Gruppenbild froher Sangesbrüder aus der Zeit um 1910.

vielen von „Gickel King" erdachten und wohl auch wirklich ausgeführten Streiche. Der Streich soll um das Jahr 1900 geschehen sein: Der Gickel King geht zum Julche in der Vorstoadt in die Weinstubb „Zum Leewe". Weil er soon Hunger hoad, bestellder drei Eijer. Des Julche bringt drei gekochde Eijer. „Ei, Julche", säschd de Gickel King, „isch will koa hoarde Eijer." Das Julche hatte aber keine Eier mehr im Haus. Gickel King steckte die drei Eier in seinen Gestehinnermich (Gehrock), geht auf den Wochenmarkt, erkundigt sich bei den Eierfrauen nach dem Preis der größten Eier und tauscht bei diesem Handel heimlich seine gekochten Eier mit den Worten: „Ach, du lieber Gott, die sinn ja viel zu deuer", gegen drei große rohe Landeier aus. Zurück zum Löwen sagt er: „Hier Julche, hoaste drei frische Eijer, mach se mer in de Pann mit Speck." So kam er doch noch zu seinem Frühstück mit der Bemerkung: „Ja, Keppche muss mer hawwe."

Diese Geschichte lief unter dem Titel „Das gelungene Friestick" durch die Hanauer Veranstaltungen oder wurde während der Stammtisch-Zusammenkünfte erzählt.

Die „Hanauer Lamboywald-Zeitung" vom 12. und 13. Juni 1928 berichtete über eine ganze Reihe lustiger Einfälle, die „Gickel King" in die Tat umsetzte. So gab er einem engen Freund, der über Magenschmerzen klagte, seine selbst angefertigten, angeblich vom Apotheker hergestellten in Mehl panierten getrockneten „Gaaseknöddel". Der hätte gleich drei Stück verdrickt und gemaant, dass se net gut geschmeckt aber geholfe hätte! Zu allem Überfluss hat Gickel King seinen Freund auch noch sein Rezept verraten. Ob es wirklich so war? Jedenfalls verbreitete sich die Kunde von diesem neuen Streich sehr schnell in unserer für solche „Feinheiten" offenen Kleinstadt.

Einen seiner tollsten Streiche leistete sich „Gickel King" während seiner Dienstzeit beim 9. Infanterie-Regiment in Würzburg. Als strammer Soldat bei der ganzen Kompanie und auch beim Hauptmann beliebt, war er für seine Späße bekannt. Sein Hauptmann war wohl nicht vermögend und seine Pferde wenig ansehnlich. Der magere Gaul fand nicht den Gefallen des Bataillonskommandeurs. „Gickel King", der den Burschen des Kompaniechefs zu vertreten hatte, gedachte, den scherzhaften Befehl des Kommandeurs: „Streichen wir ihn am besten schwarz", in die Tat umzusetzen und antwortete: „Jawohl, Herr Hauptmann." Er besorgte sich Terpentin und schwarze Schuhwichse, um das gescheckte magere Pferd schwarz anzumalen. Dem erstaunten Hauptmann meldete Gickel King: „Befehl ausgeführt!" „Was für einen Befehl?" „Herrn Hauptmanns Befehl, das Pferd anzustreichen." Dem Hauptmann hatte sein „neuer Rappe" gefallen, und er befahl „Gickel King", das Pferd am nächsten Tag für eine Frühübung zu satteln. Er hatte allerdings vergessen zu fragen, wie „Gickel King" das Fell des Tieres eingefärbt hatte. Am nächsten Tag bleiben Reiter und Pferd vom Regen nicht verschont. Die mageren Rippen des Pferdes kamen wieder zum Vorschein und die Buben auf der Straße riefen: „Zebra, Zebra!"

Louis Müller-Albus, der „Rote Müller"

Doris Glattacker, „e escht Hanauer Mädsche", erzählt gerne von ihrem Großvater, dem „Rote Müller". Aus dessen Vita berichtet sie: *„Geborn isser, unehelisch, am 09. April 1880 in Frankfurt-Bockenheim als Louis Fuchs. Moi Uromma, also die Mamma vom Obba, die Auguste Fuchs, war mit der in Hanau bekannde Famillje ,Foto-Fuchs' in de Hammerstraß' – des is de Foto-Fuchs, der wo jetzt in de Rosestraß' is – erschendwie verwandt.*

Am 16. Oktober 1882 hat se en Johannes Müller in de Johannes-Kärsch in Hanau geheirad. Die Uroma is am 20. Mai 1889 in Hanau, als moin Obba groad neun Joahr alt war, gestorwe. De Urobba war in Hanau Goldawweider un hat im Ersde Weltkriech aa Baa verlorn. In de schwere Nachkriegszeit hat er seu Geld als Straßemusikand verdiend un war de ,Schandfleck' in de Famillie, des heeßt, die hawwe sich soiner schameriert.

Moin Obba, de Louis, hat sich awwer immer um en gekimmert.

In de Famillje von moim Obba gabs aach noch e Tochder, also e Schwesder. Wie die Verwandschaft zustand komme is, wisse mer net. Ob des Mädsche e Tochder vom Johannes Müller odder von de Auguste Fuchs odder von dene zwaa zusamme war, is offe. Die is jedenfalls nach Amerika ausgewannerd un schreibt in ihre Briefe, dasse bald Geld für ihrn Vadder, den Johannes, schicke ded. Awwer immer isser was dezwische komme."

Louis Fuchs wurde von Johannes Müller vermutlich adoptiert und hieß danach Louis Müller. Er erlernte das Friseurhandwerk, heiratete am 9. März 1903 in der Hanauer Marienkirche Elisabeth Albus, bekam 1904 seine Tochter Anna und machte sich nach seiner Meisterprüfung selbstständig. Er eröffnete 1912 in der Mühlstraße Nr. 1 einen Damen- und Herren-Frisiersalon, bekam seinen Sohn Alfons und zog dann im Jahre 1918 in das Eckhaus Mühlstraße-Sandeldamm Nr. 1 um.

Der Fotograf stand auf dem Bürgersteig der Bangertstraße, die vor dem Stadttheater einen scharfen Bogen machte mit Blick auf das Haus Große Dechaneigasse Nr. 39. Im Rundbogen rechts befindet sich der Eingang zum Friseursalon Müller. Ganz rechts ist die Gebäudeecke des Hanauer Stadttheaters zu sehen.

Louis Müller-Albus als Hauptmann von Köpenick. Es existieren noch ca. 25 Fotografien von ihm, in wechselnder Kostümierung.

Im September 1929 wurde er von dem damaligen Intendanten des Hanauer Stadttheaters, Ludwig Piorkowski, als Theaterfriseur-Meister verpflichtet. Sein Geschäft befand sich jetzt direkt neben dem Stadttheater, im Eckhaus Große Dechaneigasse Nr. 39/Bangertstraße. Der unter den Hanauern als „Roter Müller" bekannte Louis Müller, wurde von da an auch noch mit dem Titel „Theater-Friseur" bedacht.

Der „Rote Müller", wegen seiner „ritzeroten" Haare so genannt, war in Hanau und Umgebung bekannt. Sein schauspielerisches Talent hatte er schon in jungen Jahren entdeckt und so spielte, sang und tanzte er „auf den Brettern, die die Welt bedeuten" – nicht nur in Hanau.

Er war keineswegs ein „Tingeltangel-Humorist", wie man vielleicht vermuten könnte. Er trat in Theaterstücken, Operetten und Komödien auf. Seine Enkelin sieht in ihm aus heutiger Sicht, gestützt durch Fotografien, Couplets und Erzählungen, eine Mischung aus Karl Valentin, Harald Juhnke und Dieter Krebs.

Nach Erzählungen seines Sohnes Alfons zog er sich während seiner Auftritte hinter einem Paravent um. Er verkörperte zum Beispiel alle Personen des Schwanks „Schweig Bub". Stets trat er unter dem Künstlernamen „Louis Müller-Albus" auf und sollte an die Berliner-Scala verpflichtet werden, die zur damaligen Zeit eines der ersten Varieté-Häuser in Deutschland war. Leider kam kein Vertrag zustande, da zu diesem Zeitpunkt seine Tochter Anna an Diphtherie starb und auch seine Frau dagegen war.

Bild rechts: Das Trümmerfeld der schweren Angriffe ist aufgeräumt, geblieben von dem großen Haus ist ein Ruine. Am Sockel des Hauses ist noch das Wort „Friseur" zu lesen. Aufnahme von 1947.

Aus der Zeit kurz nach dem Zweiten Weltkrieg ist das nachfolgende, öffentlich vorgetragene Gedicht vorhanden:

Blick ich umher

Blick ich umher in diesem Kreise,
ich muß schon sagen, wird das Herz mir schwer,
wie hab ich doch in früheren Zeiten,
gelacht, gescherzt, s' ist lange her.

Als 1933, die Nazis kamen an die Macht,
da hab ich, wohlbedachter Weise,
mit meinem Blödsinn Schluß gemacht.
Denn die, man kann's ja heute sagen
die konnten gar keinen Spaß vertragen.

Mann kam dann des öfteren zu mir her.
Ich sagte stets: „Ich sing nicht mehr".
Die Menschen waren damals so verhetzt,
man hätte mich schließlich noch in das KZ gesetzt.
Das ist ja alles nun vorbei
Wir sind Demokraten, sind frei.
Noch freier wären wir im Denken und Dichten,
würden die Amis auf jeden Einspruch verzichten.

Ich will ja heute nicht politisieren
ich soll ja nur probieren,
ob ich noch singen kann.
Gleich fang ich an.

Nur eins, das muß ich jetzt noch sagen,
das liegt mir wirklich sehr im Magen.
Man nennt mich immer noch den „Roten",
das gehört polizeilich doch verboten.
Ich bin nicht mehr rot.

Das seh'n sie auf den ersten Blick.
Ich hab' einen Plattkopf bis ins Genick.
Ja Früher hat' ich volles Haar
Und herrlich Rot war es sogar.
Wenn ich damals auf die Bühne kam,
da fing ich meistens an:
„Des garstig'st Sprichwort wo ich kenn…"

Mit dem „garstgen Sprichwort", das scheinbar allen bekannt war, endet leider die Aufzeichnung vom wohl ersten Auftritt des „Roten Müller" nach dem Zweiten Weltkrieg. Auch ist aus den Versen deutlich der Ärger über die Korrektur der Amerikaner zu verspüren. „Erst die Nazis, jetzt auch die!?"

Wie er bis 1933 seine Auftritte, die Leitung seines Geschäftes und alle anderen Verpflichtungen unter einen Hut bekommen hat, verliert sich leider im Dunkel der Geschichte. Er war aktives Mitglied im Gesang-, Turn-, Fußball-, Kegel- und Faschingsverein.

Als politisch interessierter Hanauer Bürger wurde er am 4. Mai 1924 auf dem 5. Platz in die Stadtverordnetenversammlung gewählt und war im Bereich Handwerk und Gewerbe politisch aktiv. Seine Enkelin frozzelt: „Wahrscheinlich hat er sich in den Stadtverordnetenversammlungen Stoff für seine Sketche geholt."

Schon 1920 wurde er Geschäftsführer der hiesigen Friseur-Genossenschaft und übte dieses Amt 35 Jahre ununterbrochen aus.

Als er am 9. April 1956, an seinem 76. Geburtstag an Krebs starb, war die Anteilname groß. In den Trauerbriefen wird stets seine Aufrichtigkeit, sein Verantwortungsbewusstsein, sein finanzielles Geschick, seine Menschlichkeit und sein von allen geliebter Humor beschrieben.

Die Beerdigung von Louis Müller-Albus, dem „Roten Müller", fand auf seinen Wunsch nur im engsten Familienkreis statt. „Eichendlisch schaad", sagt seine Enkelin, „vielleicht wär noch manches iwwern gesacht worn, was jetzt in de Versenkung verschwunne is!"

Jean Pierre Thyriot, Stadtbaumeister von 1865–1900

Hanaus erster amtlich beauftragter Stadtbaumeister stammte aus einer um 1690 aus Lothringen gekommenen Flüchtlingsfamilie, wurde am 9. August 1833 in Hanau geboren und in der Wallonischen Kirche auf den Namen Jean Pierre getauft. In Hanau nannte man ihn auch Johann Peter und aus den Hanauer Geschichtsblättern von 1919 ist zu entnehmen, dass er auch kurz Peter genannt wurde. In sein nachstehend erwähntes Büchlein hat er wohl bewusst nur J. P. Thyriot schreiben lassen. Sein richtiger Vorname Jean Pierre kommt darin nicht vor. Ab 1840 besuchte er die Bürger- und Realschule an der alten Johanneskirche, die noch am alten Platz, am 30. 10. 1867 zur Realschule zweiter Ordnung aufgestuft wurde. 1848 begann er eine Zimmermannslehre, besuchte die Handwerksschule und die Zeichenakademie bei Inspektor Theodor Pelissier. Nach bestandener Zimmerergesellenprüfung ging er auf Wanderschaft und kam 1857 zurück, arbeitete an vielen Projekten außerhalb Hanaus mit. 1865 ließ er sich als freischaffender Architekt in Hanau nieder. Inzwischen verheiratet, errichtete er sich in der gerade in Planung befindlichen Neuen Anlage (heute Friedrich-Ebert-Anlage) auf einem durch Erbteil angefallenen Acker ein eigenes Wohnhaus.

Als Oberbürgermeister Cassian zur Beaufsichtigung der vielen Baumaßnahmen der Stadt Hanau eine vorgebildete Fachkraft suchte, fand er sie in Jean Pierre Thyriot. Eine seiner von ihm betreuten ersten größeren Baumaßnahmen war der Bau der Realschule in der damaligen Brüder-Grimm-Straße (heute Stresemannstraße) in den Jahren 1873–1875, die sich von 1894 bis 1897 zur Oberrealschule entwickelte. Er baute also mit an seiner „eigenen" Schule, die im alten Gebäude an der Johanneskirche schon seit vielen Jahren aus allen Nähten platzte. Nebenher arbeitet er weiter als freischaffender Archi-

tekt. Für jedes von ihm be-
treute Projekt wurde vor
Beginn der Baumaß-
nahmen an ein Festbe-
trag vereinbart. So ist
es den Magistratproto-
kollen zu entnehmen.
Erst 1889 wurde Thy-
riot ganz in städtische
Dienste übernommen.
1898 erhielt er den Ti-
tel „Stadtbaurat" und
trat ein Jahr später in
den Ruhestand.

Was hat ein Stadtbau-
meister in solch einem Anek-
dotenbuch zu suchen? Er war
der einzige Hanauer Bürger, der
sich in seinem Ruhestand die
Mühe gemacht hat, und einen

Jean Pierre Thyriot,
9. 8. 1833–11. 4. 1917

„Beitrag zur Kulturgeschichte meiner Vaterstadt Hanau"
zu schreiben, gedruckt 1910 in der Hofdruckerei J. C. Kitt-
steiner. Diese kleine „Kulturgeschichte" befasst sich mit
Kinderliedern – vom Wiegenlied bis zum Kindergebet –,
Reimen auf Tiere, Neckereien und Spottversen, Abzähl-
reimen vor dem Versteckspiel und Mädchen- und Knaben-
spielen, wie sie Jean Pierre Thyriot in seiner Kindheit vor
ca. 165 Jahren gespielt hatte. Sie wurden noch lange nach
seinen Tod gespielt, zum teil bis heute. Aber wo ist das
„Gliggärschbiel" (Klickerspiel) in unserer schönen Stadt
heute noch zu spielen. Der Bangert an der katholischen
Stadtpfarrkirche war ein idealer Platz. Kein Pflasterstein
war damals auf diesem großen, nach dem Frankfurter Tor
hin leicht abfallenden Gelände zu finden. Es war das idea-
le Gelände, um mit dem Schuhabsatz die entsprechende
Mulde zu drehen und diese mit den Händen schön zu ega-
lisieren, damit die „Gliggär" oder die besonders begehrten

Glasmurmeln gut in die Kuhle rollten. Das „Klickerspielen" in den Rillen zwischen dem Kopfstein war den Kindern im „Musikerviertel" unbekannt. Die vielen Baulücken in der Schubert-, Mozart-, Haydn-, Bach-, Händel-, Gluck- und Huttenstraße boten den Kindern aber ausreichend Gelegenheit auf den nicht befestigten Bürgersteigen die „Klickermulden zu drehen".

Am Ende seiner Sammlung beschreibt Thyriot noch einige Hanauer Originale, die am Anfang des neunzehnten Jahrhunderts gelebt haben, wie den kleinsten Mann Hanaus, den Gottlieb Bopp, Fuhrmann Israel und auch den „alten Schattner" alias Karl Ludwig Schärtner, der mit seinen Späßen manchen Hanauer zum Narren gehalten hat. Letzterer war der Vater des berühmten Hanauer Freiheitskämpfers August Schärtner. In einem Heimatbuch findet sich eine Geschichte von Karl Ludwig Schärtner über „Die Schlacht bei Hanau", geschrieben in einem Hanauer Dialekt, wie er heute nicht mehr gesprochen wird. Die geschichtlichen Ereignisse wurden so dargestellt als ob „der alte Schartner" die grausame Schlacht persönlich zu verantworten und mit „Nabolejohn" (Napoleon) und General „Frädeh" (Wrede) in eigener Sache verhandelt hätte.

Jean Pierre Thyriot verstarb im vierundachtzigsten Lebensjahr am 11. April 1917.

Georg Bock,
„Bademeister" im Licht-Luftbad

Für die ganz alten Hanauer ist das „Licht-Luftbad", das sich am Wendehammer der heutigen Leharstraße fast bis an den Salisbach erstreckte, sicher noch gut in Erinnerung. Am 14. Januar 1894 gründete sich in Hanau der „Verein für Gesundheitspflege und Naturkunde", auch Prießnitzverein genannt. Im Juni 1994 feierte der Verein, nun unter dem Namen „Licht-Luftbad Hanau", sein einhundertjähriges Bestehen. Heute befindet sich das Licht-Luftbad auf dem Gelände des ehemaligen und einzigen Kinzigfreibades auf der Kinzig-Halbinsel, zu erreichen über die August-Schärtner-Straße. 1961 stellte die Stadt Hanau dem damaligen Verein das neue, noch schönere und viel größere Gelände zur Verfügung, ein in Hanau weitgehend unbekanntes „Eldorado". Das ganze, nordwärts der Gustav-Hoch-Straße, zwischen Beethovenplatz und Kattenstraße gelegene Gelände, wurde während der Vergrößerung des Musikerviertels zum neuen Wohngebiet und so musste auch das Licht-Luftbad geschlossen werden.

Für uns Kinder war das „Licht-Luftbad" ohne den Bademeister Georg Bock nicht vorstellbar. Vor dem Eingang rechts, man kam über den heutigen Millöckerweg direkt zur Anlage, stand ein kleines Holzhäuschen, in dem Georg Bock residierte. Meistens saß er bei schönem Wetter auf einem Gartenstuhl (Marke „Nicolay") vor dem Häuschen und sonnte sich. Ein Werbeschild von Pigmentan-Sonnencreme hing an der Außenwand des Häuschens. Ob die Haut von Herrn Bock jemals einen Hauch dieser Hautcreme verspürt hat, darf bezweifelt werden. Seine Haut war dunkelbraun gebrannt und war ein Kontrast zu seinem immer grauer werdenden unverwüstlichen Lockenkopf.

Er hatte die Aufgabe, das Eintrittsgeld zu kassieren, das bei Kindern wohl zwischen 10 und 20 Pfennig lag. Viele der Vereinsmitglieder hatten natürlich eine Jahreskarte. Außerdem verkaufte Herr Bock noch Bonbons,

Leibnizkekse und Puffreisschokolade. Wie Herr Bock die Schokolade bei Hitze vor dem Zerfließen bewahrte, ist mir heute noch ein Rätsel. Natürlich war die Holzbude nicht isoliert. Außerdem gab es die verschiedensten Limonaden, für die uns aber meistens das Geld fehlte. Eiskaltes Wasser pumpte Herr Bock in einen Hochbehälter, der die einzige Dusche des Licht-Luftbades versorgte. Es hatte vermutlich keine Trinkwasserqualität, schmeckte jedenfalls nach dem Gusseisen der Pumpe.

Das Besondere an dem Licht-Luftbad war, dass es rundum mit einem ca. zwei Meter hohen Maschendrahtzaun mit Stacheldrahtzusatz an der oberen Kante umgeben war. Im nordöstlichen Teil des Geländes, das eine Gesamtabmessung von ca. 150 x 100 Metern hatte, gab es noch Brettereinfassungen für Männ- und Weiblein, in der Mitte durch eine zusätzliche Wand getrennt. Dort konnte ohne Bedenken der Freikörperkultur gefrönt werden. Für uns Buben und Mädchen eine Abgrenzung von besonderem Interesse. Jedes Astloch wurde untersucht, ob es sich nicht doch erweitern ließe. Sämtliche Fugen zwischen den Brettern waren von innen vorsorglich überdeckt worden. Die getrennten Eingänge zu diesen Refugien waren so geschickt und verwinkelt angelegt, dass uns Kindern jeder Einblick verwehrt wurde. Noch vor der Erfindung der Original-Höhensonne gab es in Hanau sozusagen ein öffentliches „Solarium".

Der Maschendraht hatte natürlich weitere Unterbrechungen durch Umkleidekabinen, Vorratslager, Plumpsklo-Anlagen und Unterstellmöglichkeiten bei plötzlichen Regengüssen. Man konnte an vielen Stellen auch durch den Maschendraht nach außen auf die Fasaneriemauer mit den davorstehenden mächtigen Kastanienbäumen und auf die Bruchwiesen sehen. Sehr bald schon, im Jahre 1936/1937, wurde die Fasaneriemauer abgerissen und die Fasanerie um einige tausend Quadratmeter für den Bau der Umgehungsstraße verkleinert. Die Mauer wurde entlang der Umgehungsstraße wieder aufgebaut.

Doch was gab es da nicht alles im Licht-Luftbad für uns Kinder. Es gab den „Rundlauf". Das war ein stabiler Mast, an dem oben eine Drehscheibe befestigt war und daran hingen zwei Strickleitern. Der Mast stand in einer flachen, runden Sandgrube, rundherum war Rasen. Wer den Mut hatte, drehte in großer Geschwindigkeit viele Runden, kam dabei in immer größere Schräglage und konnte sich unserer Bewunderung sicher sein.

Neben dem Rundlauf befand sich eine große Schaukelanlage mit zwei Kletterstangen, einer großen Schaukel mit Sitzbrett, einer weiteren Schaukel mit einer Rundholzstange und daneben zwei, mit Leder bezogene, in der Höhe verstellbare Seile mit Ringen zum „Kunstturnen". Die Zeitzeugin Lotte Kirchhoff, geb. Clormann, erinnert sich: „Das Licht-Luftbad hat für uns zum Alltag gehört,

Der meistbenutzte Rundlauf im Licht-Luftbad. Rechts Rosemarie Clormann mit ihrer Heidelberger Cousine, die sich an der Hängeleiter des Rundlaufes festhält. Im Hintergrund ist zwischen den beiden Mädchen der Bretterzaun des ältesten „Solariums" der Stadt Hanau zu erkennen. Dieser mit Brettern abgeteilte Bereich, bot durch reichlichen Baumbestand auch schattige Plätze. Durch die Astlöcher im Zaun riskierten die Buben und Mädchen schon mal den einen oder anderen Blick.

unser Vater spielte da immer Faustball. ... Ich versuchte schon von dem hohen Schaukelgestell aus einen Blick in die Nacktbadeabteilung zu erhaschen, aber das ging doch nicht!"

Eine besondere, von einem der Benutzer erfundene und irgendwie auch installierte Attraktion war das „Dippewerffe" am beschriebenen Schaukelgestell. Auf einer Stange war am oberen Ende in ca. 5–6 Meter Höhe eine Blechbüchse einschließlich eines kleinen Glöckchens befestigt worden. Ein reizvolles Spiel war entstanden. Auf jeder Seite des Schaukelgestells stand je ein Spieler und versuchte die Dose mit einem beliebig großen Ball zu treffen. Die kleine Glocke erleichterte das Zählen der Treffer. Besonders die nicht mehr so beweglichen Herren erfreuten sich stundenlang an diesem Spiel.

Ein Stückchen weiter am Ausgang zum Faustballfeld war ein Gestell mit zwei Reckstangen. Dort wurde der „Aufschwung" fleißig geübt. Einen besonderen Reiz übten die beiden Prellballfelder aus, deren Grundflächen damals recht einfach aus gewachsenem Boden bestanden und mit Rasen eingegrenzt waren. Über einen einfachen Rundholzbalken auf Holzständern wurde unermüdlich gespielt. Rosel Merz, geb. Knobloch, war schon zu „unserer" Zeit eine Meisterin des wunderschönen Prellballspieles und ist es bis zum heutigen Tag mit ungezählten Hessenmeistertiteln geblieben. Vater Knobloch vergnügte sich als begeisterter „Dippewerfer" und wir Buben staunten über die Treffsicherheit der alten Herren, die aber auch das Prellballspielen in erstaunlicher Geschicktheit beherrschten. Bei Rosel könnte man fast sagen: „Sie ist im Licht-Luftbad geboren."

Im hinteren Bereich des Licht-Luftbades gab es auch noch ein „Planschbecken" für die Kinder. Nur einmal erlebten wir Kinder, dass auch Wasser in diesem betonierten Becken war und das war verursacht durch einen großen sommerlichen Gewitterregen, der den nahen Salisbach zum Überlaufen gebracht und das ganze Licht-Luftbad samt der Bruchwiesen überschwemmt hatte. In der warmen, braunen Brühe tobten wir als Kinder mit großer Begeisterung, bis Bademeister Bock nach Rückgang des Hochwassers das Becken wieder ablassen konnte.

Wir Buben benutzten auch gerne das Faustballfeld zum Fußballspielen. Als Torpfosten dienten zwei Stöcke

Die Faustballmannschaft vom Licht-Luftbad mit ihren Angehörigen und Freunden zu einem Faustballwettspiel in Offenbach am 15. September 1935. Stehend von links: „Bademeister" Georg Bock, Vater Kurt Knobloch, Architekt Georg Clormann. Stehend von rechts: unbekannt, Karl Bock, Frau Lisa Reußwig, Heiner Reußwig, Frau Schmidt, unbekannt, Fritz Schmidt. Die drei Personen zwischen Georg Clormann und Fritz Schmidt sind unbekannt. Sitzend von links: Franz Hau, unbekannt, Felix Kotzlowski, Sitzend von rechts: unbekannt, Wilhelm Weiß, Lotte Clormann, die beiden Mädchen unbekannt.
Die Benennung der meisten Personen – bis auf vier – durch Frau Rosel Knobloch.

oder nur eine Jacke und ein Hemd. An einem meiner Kindergeburtstage kurz vor dem Zweiten Weltkrieg feierten wir diesen Tag mit meinen Freunden mit Fußballspielen auf diesem Platz. Ich hatte einen neuen Fußball geschenkt bekommen. Wie zum Geburtstag üblich, waren alle Freunde von den Müttern fein angezogen worden. Ein plötzlicher Witterungsumschwung brachte im März Regen und Schneegestöber, welches uns nicht daran hinderte weiterzuspielen, solange bis wir alle durchnäßt waren. Die Moralpredigt meiner lieben Mutter war erheblich und ihre Bemühungen die fein angezogenen Gäste halbwegs wieder herzurichten, waren bewunderungswürdig.

Natürlich hatte „Bademeister" Bock nicht nur in der Sonne gesessen. Es gab viel zu tun auf dem großen Gelände. Mehrmals im Jahr mussten die großen Rasenflächen gemäht werden und das geschah mit der Sense. Besonders das Faustballfeld bedurfte einer ständigen Pflege. Er machte regelmäßig Heu für seine Stallhasen und für die in seiner Nachbarschaft lebenden Ziegen, die unsere ganze Wonne waren, besonders wenn es junge Ziegen gab, deren Luftsprünge uns Kinder begeisterten. Wir nannten es auch das „Gaase-Eck". Es dauerte viele Jahre, bis nach dem Zweiten Weltkrieg am Millöckerweg die Ziegen den Baumaßnahmen weichen mussten

Gustav-Hoch-Straße Nr. 34. Aufnahme von 1966. Das früher rechts daneben stehende Haus Nr. 32 wurde total zerstört. In diesem Haus wohnte vor der Zerstörung die Familie Klein. Sohn Friedrich Klein machte 1939 an der Oberrealschule in Hanau Abitur und wirkte bei vielen Schulkonzerten als begabter Pianist mit. Er ist im Zweiten Weltkrieg gefallen.

Bademeister Georg Bock hatte keinen weiten Weg zu seiner Arbeitsstelle. Er wohnte in der Gustav-Hoch-Straße Nr. 34 in dem heute noch stehenden Backsteinhaus. Sein Sohn Karl Bock war im Zweiten Weltkrieg in Russland eingesetzt und kehrte ebenfalls nicht mehr zurück.

Georg Bock war von Beruf Goldarbeiter und genoss als Rentner seinen Ruhestand im „Hanauer Eldorado", dem Licht-Luftbad, wo er sich auch um die Pflege der großen Anlage kümmerte. Er wurde über neunzig Jahre alt.

Nach dem Krieg wurde links neben den Trümmern des Hauses Nr. 32 ein „Wasserhäuschen" gebaut, wie auf dem Bild von 1966 zu sehen. Heute steht dort zurückgesetzt ein Getränkevertrieb und rechts daneben ein großes Haus mit Gaststätte. Der sichtbare Eingang zum Millöckerweg war der direkte Zugang zum ehemaligen „Licht-Luftbad".

„Karlchen Horst", der ewige Student

Aus dem täglichen Geschehen der Stadt Hanau war „Karlchen Horst" in den zwanziger bis in die siebziger Jahre des vergangenen Jahrhunderts nicht wegzudenken. Es ist schon ein Jammer, dass die vielen Geschichten um dieses Hanauer Original nirgends protokolliert wurden. Er fiel auf: schwarzer Mantel mit kleinem Pelzkragen, eine feine Pelzmütze, dazu ein eleganter Spazierstock – so kam er meistens von der Dreizehner-Siedlung (Hochstädter Landstraße) anmarschiert. Von weitem sah er sehr elegant aus, bei näherem Betrachten fiel jedoch auf, dass die Kleidung sehr abgenutzt war, die Hosenbeine teilweise ausgefranst waren. Erstaunlich war für uns Schülerinnen und Schüler seine auf das geschichtliche Geschehen hinauslaufenden Fragen, die meist lauteten: „Was ist heute vor so und so vielen Jahren, in Hanau, in Deutschland oder in der Welt passiert?"

Selten wusste jemand eine Antwort und so gab „Karlchen Horst" sein Wissen um diesen Tag preis. Um aus die-

Karlchen Horst (29.9.1889 bis 11.5.1974) vor dem Schloss Philippsruhe.

39

ser Zwickmühle herauszukommen, mieden wir meistens „Karlchen Horsts" Nähe.

Karl Friedrich Otto Horst wurde am 29. September 1889 in Hanau geboren. Sein Vater war der Juwelier Anton Wilhelm Horst. Er schickte ab 14. April 1896 seinen Sohn in die Vorklasse 3 der damaligen Oberrealschule, die mit diesem Schuljahr zum ersten Mal eine Oberprima mit fünf Schülern hatte. Er wurde damals mit Hans Albert Neumetzger und 63 Mitschülern in einer Klasse eingeschult. Im zweiten Vorschuljahr wurden die Klassen getrennt. Karl Horst kam in die A- und Hans Albert Neumetzger in die B-Klasse.

Karl Horst ging von der dritten Vorklasse ab und wechselte Ostern 1899 in das Gymnasium (Hohe Landesschule). Er beendete Ostern 1908 nach guter Reifeprüfung das humanistische Gymnasium und begann zunächst einen kaufmännischen Beruf. Bald merkte er, dass ihm das Dasein eines Kaufmanns nicht liegen würde und begann schon nach einem Jahr mit dem Studium der Philosophie und der Rechtswissenschaften in den Städten Berlin, München, Marburg und Frankfurt. Kurz vor dem Ersten Weltkrieg zwang ihn ein Nervenleiden das Studium abzubrechen. Vielleicht packte Karl Horst die gefürchtete Krankheit der Prüfungsangst, durch die er trotz überdurchschnittlicher Begabung nicht wagte, sich zum Examen anzumelden. Heute gäbe es sicher Möglichkeiten solch einem bedauernswerten Menschen zu helfen. Damals wurde er zu einem „eigentümlichen Menschen", eben ein Original, das ihm auch sicher manchen Spott einbrachte. Er verlor zum Ende des Zweiten Weltkrieges seine gesamte Habe und lebte nach 1945 im Schloss Philippsruhe.

„Karlchen Horst" war auf die Hilfe seiner Menschen angewiesen, denn er war sehr einsam und verstand es, und das ohne Hemmungen, um Hilfe zu bitten. Da er meist sehr schwach bei Kasse war, versuchte er sein Glück an der Haustüre von Leuten, von denen er annahm, dass sie seine Bitte um ein Mittagessen nicht abweisen würden. Mutter Bange in der Hochstädter-Landstraße erzählte vor vielen Jahren, dass „Karlchen Horst" sehr böse und unfreundlich reagiert hätte, wenn er eine Absage bekam. Man musste dann schon die Türe schließen.

Der Apotheker Wolfgang Bracker berichtet aus seiner Kindheit, dass Karlchen Horst mit großer Treffsicherheit an Geburtstagen bei der Familie zum Geburtstagskaffee erschien und sich dabei als sehr unterhaltsamer und freundlicher Gesprächspartner bewährte. Auch für Geburtstagsdaten hatte er ein gutes Gedächtnis.

Curt-Albert Neumetzger hatte seine besonderen Erlebnisse mit „Karlchen Horst": „Nach der Zerstörung unseres Hauses am 6. Januar und 19. März 1945 lebten wir in der Gluckstraße in der Villa Lauster und dort besuchte er uns in unregelmäßiger Regelmäßigkeit. Manches Kleidungsstück wechselte den Besitzer und manch Nahrhaftes konnte er mitnehmen.

Es war im Herbst 1946. Die ausgebombten Schüler der Hohen Landesschule („Hola") und auch die in der Hola aufgenommenen „heimatlosen" Oberrealschüler bereiteten sich nach endlich überstandenem Luftwaffenhelfer-, Arbeitsdienst oder sonstigem Kriegseinsatz auf das Abitur vor. Die einzige in Hanau unbeschädigte Schule war die Kesselstädter Bezirksschule IV. In der als Schulgebäude genutzten Reinhardskirche fand der Unterricht in den Abendstunden statt. Vorher oder gar danach traf man sich im ‚Bludije Knoche' (‚Roter Löwe') und versuchte, sich auf den Unterricht vorzubereiten. Da war es ‚Karlchen Horst' der den geplagten Abitur-Aspiranten in Latein und in Geschichte gute Hilfe anbieten konnte. Seine lange, ungestörte Schulzeit und Studium machte sich sehr hilfreich bemerkbar."

Auch seine Schwester Margot Kellermann, geb. Neumetzger, erlebte als jung verheiratete Frau in ihrem kleinen alten Häuschen „Vor der Kinzigbrücke", „Karlchen Horst" in seiner bittstellenden Tätigkeit. Auch sie erhielt ihre geschichtliche „Lehrstunde".

Karl Otto Friedrich Horst starb im fünfundachtzigsten Lebensjahr am 11. Mai 1974.

Hans Wink, der Hanauer „Kippenstecher"

Sein Leben war so auffallend absonderlich, dass er wirklich ein einmaliges Hanauer Original war. Als Hans Wink mir zum ersten Mal in Hanau in der Hammerstraße als Oberrealschüler begegnete, war mir gar nicht bewusst, wen ich da vor mir hatte.

Mein Weg führte mich vom Marktplatz kommend Richtung Paradeplatz. Vor mir ging in hellgrauem Mantel ein Mann mit einem Spazierstock, den er ab und zu blitzschnell nach unten sausen ließ und mit einer eleganten Bewegung durch die linke Hand zog und seines Weges weiterging. Bei Schuh-Schwaab/Wiedersum bog der Mann rechts ab in die Langstraße. Vom „Kippestecher" hatte ich schon gehört und ahnte, dass nun eben dieser direkt vor

Auf dem rechten Bürgersteig der Hammerstraße begegnete mir der „Kippestecher" zum ersten Mal und bog an der nächsten Kreuzung in die Langstraße ein. So wie auf dem Bild von ca. 1910 erlebten auch wir als Kinder unsere schöne Vaterstadt. Selten fuhr auch damals schon ein PKW oder ein Lieferwagen durch diese Straßen.

mir herlief. Um näher an ihn heranzukommen, folgte ich ihm schnellen Schrittes in die Langstraße. Jetzt konnte ich seine Technik aus der Nähe betrachten. Mit elegantem Schwung stach er mit seinem an der Spitze des Spazierstockes eingelassenen Nagel die entdeckte Zigaretten- oder Zigarrenkippe an, mit ebenso elegantem Schwung erhob er den in der rechten Hand bewegten Stock in Richtung der linken Hand, streifte das Objekt der Begierde mit der linken Hand ab und beförderte die Beute mit Eleganz in die linke Manteltasche. Allein die Vorstellung der Verwendung für den weiteren Verbrauch lässt einen erschauern. Aber er muss die Herstellung der gesammelten Reste für neue Zigaretten doch viele Jahre gut überstanden haben. In den Kriegs- und Nachkriegsjahren haben starke Raucher die eigenen Reste aufgehoben und diese Technik für den eigenen Bedarf praktiziert. Sehr schnell, als nach der Währungsreform 1948 in der Hanauer Innenstadt der Wiederaufbau begann, war auch der „Kippestecher" auf den wiederbelebten Geschäftsstraßen zu finden.

Aus den alten Adressbüchern ist zu entnehmen, dass der „Kippestecher" im Sandeldamm Nr. 13 wohnte. Von Zeitzeugen ist zu erfahren, dass das Wohnhaus stark beschädigt worden war und er nach dem Krieg im Keller wohnte. Der körperlichen Arbeit abhold, bevorzugte er den engen Notausstieg aus der Kellerwohnung, als den nur verschütteten hinteren Kellerausgang freizulegen. Auch seine alte Mutter musste sich durch den engen Notausgang quälen.

„Kikeriki"-Karl Oetzmann, der Hanauer Zeitungsausträger

Mit einem alten Fahrrad mit Vorbau über dem Vorderrad, so kannte man ihn in Hanau. Ob er mit besonderem Talent für das Hähnekrähen ausgestattet war? Man darf es annehmen.

Der Urhanauer Gerd Hammes berichtet über Karl Oetzmann: „Sein erlernter Beruf war der eines Malers und Tapezierers. Er wohnte am oberen Ende der Freigerichtsstraße Nr. 82, dem Eckhaus an der Kurve, dort wo die Straße auf die vor der Firma Dunlop liegende Dunlopstraße trifft. Er war mit einem mächtigen Vollbart ausgestattet. Mit seinem mit diversen Zeitungen und Illustrierten beladenen Fahrrad war er in Hanau nicht zu übersehen. Er hatte seine Stammkundschaft, die die verschiedensten Illustrierten abonniert hatten. Er war also kein normaler Zeitungsausträger, sondern ein vielseitig versierter Illustriertenausträger."

Sogar die „Frankfurter Rundschau" schrieb über ihn am 19. 8. 1957:

„Sie werden immer seltener, die echten ,Originale' einer Stadt. Welcher Hanauer kennt nicht den ,Kikeriki' – den guten alten Karl Oetzmann? Für manche Alteingesessene ist er fast populärer als der Oberbürgermeister. Sein Vollbart ist heute noch so struppig wie eh, und sein Humor hat selbst in schwersten Zeiten nie versagt. „Kikeriki" verkaufte Zeitungen, jedes gewünschte Blatt bringt er seinen Kunden ins Haus, ganz gleich ob die Sonne brennt, ob es stürmt oder regnet. Er ist ein Freund der Kinder. Oft rennen sie in Scharen hinter seinem vollbepackten Fahrrad her und geben erst Ruhe, wenn Oetzmann ihnen ein schrilles ,Kikeriki' zugerufen hat. Das ist schon seit Generationen so, und die Väter dieser Kinder sind bereits, als sie selbst Schulbuben waren, hinter dem Fahrrad von Oetzmann hergerannt."

Nachforschungen ergaben, dass im Hanauer Adressbuch von 1958 der Name von Karl Oetzmann als Zeitungs-

Karl Oetzmann, alias „Kikeriki", in seiner Aufmachung im Jahre 1952 mit Vollbart, der Garant für seinen Bekanntheitsgrad im Stadtgebiet Hanau. Auch seine Schildmütze mit der Aufschrift „Abendpost" gehörte zu seiner Ausrüstung. Die umhängende Nicolay-Uhr wurde wahrscheinlich über die Zeit gerettet! Das Bild entstand vor dem Gebiet des abgeholzten Lamboywaldes. Im Hintergrund sind die ersten Wohnungsbauten des großen Tümpelgartengebietes zu sehen.

händler stand. Er hatte also seinen Nebenerwerb zum Hauptberuf gemacht. Im darauffolgenden Adressbuch von 1962 stand als Mieterin der Wohnung in der Freigerichtstraße 82 nur noch Witwe Eva Oetzmann. Ihr Mann war in der Zwischenzeit verstorben. Hanau war um ein Original ärmer geworden.

Besondere Hanauer Begegnungen

Napoleon als heimlicher Gast

Über den heimlichen Besuch Napoleons im Hotel „Zum Riesen" am 16. Dezember 1812 gibt es in der Hanauer Chronik von Wilhelm Ziegler zwei sich im Inhalt fast gleichende Berichte. Der erste nachstehende Bericht ist direkt aus dem Tagebuch wortgetreu entnommen. Der zweite Bericht unter dem Titel: „Näheres über die Anwesenheit des Kaisers Napoléons am 16. Dezember 1812", stammt vom 22. August 1869, wurde aber in der Tagebuch-Chronik unter dem Jahr 1812 handschriftlich eingefügt.

„Hotel zum Riesen" an der Krämerstraße/Heumarkt. Kopie einer Ansichtskarte aus der Anfangszeit der Telefone in Hanau. Im Jahre 1941 stand bereits eine 2 vor der Telefon-Nr. 127, also Telefon-Nr. 2127.

Aus der Hanauer Chronik:
„Kaiser Napoleon I. läßt sich's in Hanau gut schmecken.
Mitgetheilt von W.Z.

„1812 Mittwoch den 16. Dezember Vormittags zwischen 11 und 12 Uhr kam der Kaiser Napoléon unter dem Namen eines Herzogs von Piacenza in Begleitung seines Großstallmeisters Caulincourt, Herzog von Vicenza von der großen Armee aus Rußland hier an, und nahm sein Absteigequartier im Gasthaus zum Riesen, woselbst er sein Mittagsmahl hielt, und später auch den Kaffee eingenommen hatte. – Über beides letztere, sowie über den Aufenthalt des Kaisers in genanntem Gasthause sind der Chronist sowohl von der damaligen Besitzerin desselben, der Wittwe des 1824 am 6. Juli verstorbenen Gasthalters Sebald Friedrich Ebenmayer als auch von anderen hiesigen glaubwürdigen Personen zuletzt (1869 Sonntag den 22. August) von einem noch unter uns lebenden Mitbürger, nachstehende Mittheilungen geworden.

Napoléon, welcher unter einem fremden Namen in einem von zwei Gendarmen begleiteten sächsischen Postwagen, auf dem sich ein Heiduck (Mameluk = Leibwächter) *befand, vormittags gegen 12 Uhr unvermuthet und ohne alle Empfangsfeierlichkeit an dem Riesen vorfuhr, eilte sobald ihm die Kutschtür geöffnet war, schnellen Schrittes nach dem ihm überwiesenen oberen Zimmer des Hauses. Sein Begleiter, welcher einige kleine Sachen aus dem Wagen nahm, folgte demselben, nach dem er zuvor bei Herrn Ebermayer den Mittagstisch bestellt und ihm gleichsam im Vertrauen gesagt hatte, dass der Angekommene Seine Majestät der Kaiser Napoléon sei. Bestürzt und in die ziemliche Verlegenheit versetzt, bemerkte Herr Ebermayer dem General, dass er zur nöthigen Bewirthung eines so hohen Gastes im Augenblick ohne alle Vorbereitungen sei und gerade heute seine Küche nur eine einfach bürgerliche Kost brächte, nämlich ,Sauerkraut, Kartoffelbrei und Schweinefleisch (Salzfleisch)'. – Ohne jedoch auf die weiteren Entschuldigungen des Gastwirths zu achten, entfernte sich der General mit einem darauf erwidernden ,Cést bon'* (Schon gut) *und eilte die Treppe hinauf, direkt in das Kaiserzimmer. Durch diese Antwort des Generals beruhigt, wurde von Herrn Ebermayer sofort in dem Zimmer des Kaisers die Tafel hergerichtet, und das eben erwähnte (ächt hanauische) Gericht aufgetragen welches derselbe dem Kaiser persönlich servierte.*

,An Appetit schien es Napoléon gerade nicht zu fehlen', erzählte Herr Ebermayer öfters seinen Gästen, ,denn er ließ sich's recht gut schmecken; auch gab er dem Wirthe während der Tafel einigemal durch

,bon', bald durch ,gut' seine Zufriedenheit zu erkennen, wobei er mich jedesmal ansah und mir freundlich zunickte.' Napoléon nach aufgehobener Tafel sich von seinem Sitze erhebend und auf mich zugehend sagte dann weiter zu mir: ,Ich mache Ihnen mein Compliment. Wer ist die Köchin?, wie ihr Name?'. Nachdem ihm darauf Herr Obermayer erwiderte, es sei dies seine Frau, welche die Speisen selbst zubereitet habe, hieß er dieselbe auf sein Zimmer bescheiden. – Ehrerbietig mit tiefer Verbeugung, trat Frau Ebermayer vor den Kaiser, welcher sie mit freundlicher Herablassung grüßte, und mit folgenden Worten anredete: ,Madame! Ich habe heute gut gespeist, und muß Ihnen dafür dankbar sein. Erbitten Sie sich Etwas von mir.' Unter wiederholter Verneigung dankte sie dem Kaiser für dessen huldvolles Anerbieten welches sie aber ablehnte, indem sie mit Freimuth demselben darauf antwortete: ,Sire! Ich lebe in Verhältnissen welche mich auf Euer Majestät hohe Gnade verzichten lassen können.' – ,Nun gut', sagte Napoléon weiter, sollten Sie indes meiner einmal bedürfen, so wenden Sie sich nur an mich!' – Hiermit endete die Unterhaltung. Der Kaiser befahl, ihm den Kaffee auf sein Zimmer zu bringen. Frau Ebermayer hiermit beauftragt, hatte die Ehre, den Kaiser persönlich aufzuwarten und denselben zu bedienen.

Unterdessen hatte die Nachricht von der Ankunft des Kaisers im Gasthaus zum Riesen eine große Menge Neugieriger vor dasselbe herbeigezogen. – Napoléon ärgerlich, dass man seine Ankunft erfahren und ihn erkannt habe, verließ sein Zimmer und begab sich eilends in das untere Wirthslokal, welches er mehrmals ungeduldig durchschritt. Plötzlich öffnete er ein Fenster und warf mit ernster Miene sein Taschentuch unter die unruhige Menge, und zwar mit einer drohenden Handbewegung, gleichsam, als wollte er damit dieselbe zerstreuen und fortjagen. Doch gelang es ihm damit nicht, im Gegentheil, als er sich am Fenster erblicken ließ, drängte sich die dichte Menge unter lautem Halloh! an dasselbe, indem jeder das Taschentuch erhaschen wollte.

Letzteres fiel in die Hände des, unter der Menge sich stehenden hiesigen Bürgers und Silberwarenfabrikanten Herrn Lauck, in dessen Familie es eine Reihe von Jahren (vielleicht heute noch) zu Erinnerung an Napoléon, an den hohen Gast im Riesen, der sich das Hanauer Leibgericht: ,Sauerkraut, Kartoffelbrei und Schweinefleisch' so gut hat schmecken lassen, aufbewahrt wurde."

Hier nun der Anfang des zweiten Berichtes, in dem Wilhelm Ziegler von dem Zusammentreffen mit dem Zeitzeugen von 1812 Franz Limbert erzählt:

„Näheres über die Anwesenheit des Kaisers Napoléons am 16. Dezember 1812.
1869, Sonntag den 22. August erzählte mir im Gasthaus zum Riesen, woselbst auch der pensionierte Waisenhausbuchhalter Herr Franz Limbert zugegen war und der meinen Aufsatz ‚Die Anwesenheit des Kaisers Napoloen I in Hanau' mit vielem Interesse gelesen hat. Derselbe, dass er als 12 jähriger Knabe aus der Gaquanischen Schule gekommen am Riesen einen Reisewagen hätte stehen sehen, und in der Meinung, es sei der Aussteigende ein franz. General, wäre er an denselben näher getreten. Der vermutliche General habe eine Kassette aus dem Wagen genommen, und ihm, Limbert zum halten gegeben, um noch andere Sachen aus dem Wagen zu holen. Als dies letzteren geschehen gewesen, habe Napoléon dem Knaben die Kassette wieder abgenommen, und sei damit schnellen Schrittes und geraden Weges, als wüßte er im Hause bescheid, in sein für ihn bestimmtes Zimmer geeilt."

Alles weitere in diesem zweiten Bericht Erzählte ist im ersten Bericht wesentlich ausführlicher behandelt und braucht deshalb nicht wiederholt werden. Als Neues ist jedoch noch zu erfahren, dass Frau Ebermayer doch sehr bald Gelegenheit gefunden hatte, die Hilfe Napoléons in Anspruch zu nehmen. Im zweiten Bericht steht auf der letzten Seite:

„Bald darauf habe sich zu letzterem eine Veranlassung gefunden, indem ihr Mann wegen einer in seinem Hause stattgefunden Schlägerei in Haft gekommen sei, worauf sie sich nach Mainz an das Gouvernement um Freilassung ihres Mannes gewendet, und die Freilassung bei demselben auch sogleich bewirkte."

Von Napoleons Taschentuch wird im zweiten Bericht zum Schluss nochmals bestätigt, dass es in die Hände des Silberwarenfabrikanten Lauck gekommen sei und in dessen Familie sehr lang aufbewahrt wurde. Ob es jedoch im Jahre 1869 noch vorhanden war, wurde nicht bestätigt!

Das erste Hanauer Weihnachtsgeläut

Am Dienstag, dem 24. Dezember 1833, begann das Einläuten des Weihnachtsfestes schon in den Nachmittagsstunden des Heiligen Abends. Dieser heute übliche Name für den Tag der Bescherung war damals noch nicht geläufig. Mit Entsetzen hörten wir als Kinder aus den Erzählungen unseres Vaters, dass die Bescherung erst in den Morgenstunden des ersten Feiertags stattfand, da das Geschäft meiner Großeltern um 1900 bis in die späten Abendstunden aufbleiben musste, um die Kunden bedienen zu können, die am Abend in letzter Minute noch Geschenke kaufen wollten.

Die Hanauer Chronik berichtet nun über das weihnachtliche Kirchengeläut: *„Abends 4 Uhr hat es auf den hiesigen Kirchthürmen zum erstenmal das auf den folgenden Tage anstehende Weihnachtsfest eingeläutet, und soll diese schöne Einrichtung auch für die Folge und zu allen großen Festtagen stattfinden. Dieses Einläuten der s. g. hohen Festtage Ostern, Pfingsten und Weihnachten findet für die Folge am Vorabend der Ostern und Pfingsten von 8 bis 9 Uhr und des Weihnachtsfestes von 5 bis 6 Uhr statt."*

1835 vermerkt die Chronik zum Donnerstag, den 24. Dezember: *„Donnerstag Abend von 6-7-Uhr läutete mit allen Glocken das Fest des heiligen Christ Abends ein. Es gewährt einen ganz besonders freudigen Eindruck, wenn man die Straßen durchgeht und alle die vielen Christbäumchen mit ihren hellbrennenden Lichtchen in den Zimmern erblickt. Da werden Körbchen und Mähnchen voll Christgeschenken zu den Pathen und Kindern getragen. Eltern bringen ihre Kinder zur Bescherung zu Verwandten."*

Leider erfährt man aus der Chronik nichts über die sicher damals schon stattfindenden Gottesdienste gerade für die Kinder. Heute erspart man den Kindern die lange Wartezeit auf die so sehr erwartete Bescherung durch die Vorlegung der Gottesdienste mit Krippenspiel schon bei Anbruch der Dunkelheit.

Eine Glocke der Marienkirche wird zur Einschmelzung im Januar 1942 herabgelassen. Die Dachdeckermeister Fest und Schultheis überwachten das Herablassen der Glocken. Ob die kleine Glocke, die für das Schlagen der Uhrzeit benutzt wurde, dabei war, ist nicht bekannt. Wenn nicht, wäre sie mit Sicherheit beim Einsturz des Glockenturms im Krieg der Zerstörung nicht entkommen.

Das Vieruhrläuten der Marienkirchenglocke

In der heutigen Zeit hat das Vieruhrläuten der Hanauer Kirchenglocken in der Frühe des 19. März jeden Jahres eine besondere Bedeutung. Gegen 4.20 Uhr begann 1945 der die Alt- und Neustadt Hanau vernichtende Angriff der englischen Luftwaffe, der einen Feuersturm ungeahnten Ausmaßes verursachte und über 2000 Menschen das Leben kostete. Das Kirchengeläut soll an die Menschen und das Ereignis erinnern.

Doch die Tradition des Vieruhrläutens ist schon viel älter. Im Jahr 1835 wird in einer „Nachricht über Entstehung des seit dem Jahre 1830 eingestellten s. g. Vier-Uhrläuten auf dem hiesigen Thurm der Marienkirche. (Morgens)" darüber berichtet. Ursprünglich hätte es das Vieruhrläuten nicht gegeben, wie Valentin Kalius, der Turmwächter der Marienkirche berichtete. Dann aber hätte ein Herr von Edelsheim, wohnhaft im Haus Nr. 8 in der Altstadt, befohlen, jeden Morgen um vier Uhr eine Glocke zu läuten. Herr von Edelsheim litt an Schlaflosigkeit und wollte des Nachts gern die Zeit wissen, hätte aber nie die Uhr schlagen hören. Den Turmwärter bedachte er für die besondere Serviceleistung mit „einigen Achteln Frucht als Dienstlohn jährlich". Nach dem Tod oder Wegzug des Herrn von Edelsheim fiel die Besoldung des Turmwächters weg, das Vieruhrläuten aber bestand fort.

Neben dieser existiert noch eine zweite Geschichte über die Einführung des Vieruhrläutens. Sie ist nicht weniger glaubhaft und macht deutlich, wie schwer in unserer schönen alten Stadt Hanau gearbeitet werden musste. Diese Geschichte erklärt das Vieruhrläuten als Weckruf für die Bewohner der Altstadt. Nicht alle besaßen zu jener Zeit eine eigene Uhr und wussten so, dass es Zeit war, das Vieh zu füttern und mit der Feldarbeit zu beginnen. In den Sommermonaten, als noch das ganze Gras und das Korn mit der Sense zu mähen war, da hatte die ‚Morgenstund' Gold im Mund'. Der Morgentau war für das Mähen von Gras das beste „Schmiermittel", sodass der frühe Arbeitsbeginn durchaus sinnvoll war.

Eine ländliche Idylle bietet dieses Bild mit Blick in die Hospitalsstraße Richtung Innenstadt im Jahre 1939. Wenn auch seit 1908 durch diese Straße die Hanauer Straßenbahn führte, so sieht es doch sehr nach bäuerlichem Leben aus: links der Holzwagen mit Speichenrädern, rechts ein Pferdefuhrwerk und ganz vorne ein zweirädriger Handstoßkarren. Letzterer war bis Ende der 1950er-Jahre ein noch von vielen Handwerksbetrieben genutztes Beförderungsmittel. Viele der alten Häuser besaßen Stallungen und Vieh und dürften für das Vieruhrläuten, den „Weckruf" der Marienkirche, dankbar gewesen sein.

Das Lamboyfest

Als 9-Jähriger durfte ich 1936 das 300. Lamboyfest am 13. Juni 1836 miterleben. Das Fest erinnert an die Beendigung der Belagerung Hanaus im Dreißjährigen Krieg durch General Lamboy. Am 13. Juni 1636 hatten die Truppen Landgraf Wilhelm V. von Hessen-Kassel die Stadt befreit. 1936 wurde es mit einem großen historischen Festzug begangen, an dessen Ende die verschiedensten nationalsozialistischen Verbände mitmarschierten.

Wilhelm Ziegler hatte das Jubiläum 100 Jahre zuvor als 27 Jahre alter Mann erlebt und in seinem Bericht besonders die Schönheit der Hanauer Mädchen betont:

„Lamboyfest. Heute wurde dieses Doppelfest theils zum 200jährigen Gedächtnisse der Befreiung unserer Stadt von den Drangsalen einer schweren Belagerung, theils zum 100jährigen Gedächtnisses des Anfall der

Großer Andrang beim Lamboyfest 1894. Jeder wollte gern aufs Bild. Das damals wirklich einmalig schöne Fest im wundervollen Lamboywald unter Kiefern, Birken und anderen Bäumen.

Grafschaft Hanau an das erlauchte Fürstenhaus Hessen kirchlich begangen. Morgens um ½ 10 Uhr begann in den Kirchen ein festlicher Gottesdienst. In der evang. Marienkirche wurde von hiesigen Gesangsdilettanten (Gesangsliebhabern) *der von Fesca komponierte 100. Psalm aufgeführt, wobei ich mitwirkte. Die Bürgergarde zog ebenfalls diesen Morgen in die Kirche; desgleichen die Mitglieder des Stadtmagistrates. Vergleiche die gedruckte Beilage. In derselben wird unter Anderem gesagt: ,In Hanau gibt es fast nur hübsche Mädchen' und dem ist auch so!!!"*

Die seinem Bericht beigefügte Beilage aus der Thurn und Taxischen Zeitungsexpedition berichtet ebenfalls über das „Lamboyfest" und die Hanauer Mädchen: *„In Hanau gibt es fast nur hübsche Mädchen: Ich weidete mein Herz hinter einer Säule an dem reichen Glanz schöner weiblicher Augen. Vor Allen aber fiel mir ein junges Mädchen auf, eine junonische Wiedergeburt, wie ich sie lange nicht gesehen habe: schwarzes Haar, dunkle Sterne auf bläulichem Grund im großen Auge, Hals und Nacken wie Alabaster, Stirn und Mund, hinter denen alle Geheimnisse des unergründeten weiblichen Charakters verborgen zu sein schienen."* Der Reporter war einfach hingerissen von dieser Persönlichkeit bis zu dem Moment, als die berückende Person ihrer Nachbarin einige Wort in herrlichstem Hanauer Dialekt zurief. Da war er bedient und machte sich Gedanken über den Stand unserer deutschen Muttersprache.

Ziegler schrieb direkt unter sein Bekenntnis zur Schönheit der Hanauer Damenwelt, die Tagespreise für Weizen, Ochsen-, Kalb-, Hammel- und Schweinefleisch und setzte seinen Bericht vom 13. Juni fort: *„Nachmittags war ich mit dem Frohsinn (und zwar zum erstenmal mit dieser Gesellschaft) im Lamboywald. Abends 6 Uhr wurde gesungen und nach Verabredung mit den in Cassel lebenden Hauauern um dieselbe Zeit einige Böllerschüsse gegeben. Vergeblich erwarteten wir den berühmten Tonkünstler Rossini, welcher im Augenblick in Frankfurt* *weilte und von dem man hörte, dass er mit Herrn Rothschild das Lamboyfest besuchen wollte. Wir hatten das schönste Wetter und überall herrschte nicht zu beschreibende Freude und Heiterkeit, namentlich aber im Verein zum Frohsinn".*

Immer noch beeindruckt vom Ablauf des Festes schrieb Ziegler unter:

„13. Juni, Montag, Abends fand bei Abraham Fuchs Ball- und Garten-Illumination statt. Man könnte keinen Apfel zur Erde bringen, so ungeheuer voll war es bei Fuchs!"

Musiklehrer
Wilhelm Ziegler
(1800–1878)

Die Weinwirtschaft Abraham Fuchs befand sich in der Rosengasse, Haus Nr. 894. Die Einzelnummerierung in den Straßen war damals noch nicht eingeführt.

Als persönliche Mitteilung schrieb Ziegler unter dem gleichen Datum: Scherzando: *„Von heute an laße ich mir einen B.B. (Backenbart) wachsen."* Was er auch wirklich tat.

Wilhelm Ziegler war ein Mann mit starken Vorsätzen und so sind seine Chronik von 1800–1824 nach alten Zeitungsberichten, Überlieferungen und Erzählungen geschrieben und seine täglichen Aufzeichnungen mit zahlreichen Ergänzungen aus den Tageszeitungen für die Jahre von 1825–1879 für die Hanauer Zeitgeschichte ein Glücksfall.

Immer noch unter dem 13. Juni 1836 ergänzt er: *„Das Fest hat bei dem schönsten Wetter sehr heiter und ohne Unfall statt gefunden. Nach allgemeiner Ansicht mögen 20 000 bis 30 000 Menschen aus Nahe und Ferne im Walde versammelt gewesen sein."*

Wie schon erwähnt, wurde das „Doppelfest" auch in Kassel gefeiert. Zu dieser Zeit bestand noch eine rege Verbindung nach Kassel, da es dort eine kleine „Hanauer Kolonie" gab. Schon am Donnerstag vor dem Fest wurde gemeldet, dass Oberbürgermeister Eberhard mit einem Magistratsmitglied nach Kassel gereist sei, *„... um dem Kurprinzen und Mitregenten zum Jubiläum wegen des Anfalls der Stadt und Provinz Hanau, die nun gerade einhundert Jahre im Besitze des Hauses Hessen Kassel sind, Glück zu wünschen."*

Am 17. Juni beendet Wilhelm Ziegler seine ausführlichen Berichte über das Lamboyfest mit einer Erwähnung der Feierlichkeiten in Kassel: *„Von Kassel geht heute die Nachricht ein, daß das Doppel-Lamboyfest daselbst in dem Park von Freienhagen von einer großen Anzahl in Kassel wohnender Hanauer recht fröhlich begangen worden ist. Herr Ministerial Repositar* (Aufseher) *L. Weinrich, gegenwärtig nach Kassel versetzt, hielt eine schöne Rede, desgleichen brachte Herr Obersteuer-Repositar Neustatel(?), ebenfalls daselbst angestellt, einen Toast auf die um 6 Uhr im hiesigen Wald versammelten Hanauer."*

Lehrer Willmann und das Wunder

Die zahlreichen Berichte Wilhelm Zieglers über das Hanauer Geschehen sowohl in seiner Chronik und zugleich seinem Tagebuch und auch seinen Veröffentlichungen, meist in der Beilage der Hanauer Zeitung, regten auch die Bürger der Stadt Hanau an, Kindheitserinnerungen aufzuschreiben. So ist in Zieglers Aufzeichnungen auch ein Bericht von Lehrer Willmann zu finden, der 1864 ein kleines Wunder kundtat:

„Siehe, der Hüter Israels schläft noch schlummert nicht. Psalm 121, Vers 4.

In Folge der von Herrn W. Z. in diesen Blättern schon manchmal veröffentlichten interessanten Mitteilungen aus der Chronik von Hanau stiegen wieder manche Jugenderinnerungen in meiner Seele auf, von denen ich hier mittheilen will, weil sie ein thatsächlicher Beweis davon ist, dass der HERR die Kleinen oft wunderbar unter seine ganz besondere Obhut nimmt.

Als vor 10 Jahren die in Nr. 131. d. Blattes erwähnte Rasirung der Esplanade von den stattlichen Lindenbäumen statt fand, war ich noch ein kleiner Schulknabe. Meine Kameraden und ich, wir durften natürlich bei dem genannten Experiment nicht fehlen. Nach Beendigung der Schule war früher die Regel, jetzt aber ganz gewiß ‚die Allee' unser Sammel- und Spielplatz nicht nur weil das saftige Holz der niedergestürzten Linden sich vortrefflich zur Fabrizierung der bekannten Pfeifchen eignete, sondern auch und ganz vorzüglich ‚Der Kiwitt' wegen, die wir hatten, wenn die Arbeiter uns die Erlaubnis ertheilten, ihnen an dem langen Seil Hilfe zu leisten sobald ein Lindenriese ihrer Kraftanstrengungen spottete und sich sehr hartnäckig und eigensinnig bewies. Wenn dann einer dieser kräftigen Bäume der vereinigten Mannes- und Bubenkraft endlich nachzugeben sich gewillt zeigte und gar zuletzt mit Gedröhn zusammenkracht, so wurde ein solcher Fall von uns kleinen Titanen immer mit einem allge-

meinen Hallo begrüßt. Vielleicht wird mancher Jugend-
freund, der damals gleich mir, seine jugendliche Kraft
hier erprobte, jetzt als Mann beim Lesen noch darüber lä-
cheln.

Nun geschah es auch einmal, daß einer jener Riesenbäu-
me unserer gesammelten Kraftentwicklung allen Trotz
entgegensetzte, bis zuletzt noch ein kräftiger Axthieb sei-
nen Eigensinn brechen musste. Er stürzte. Doch, o weh!
Nicht in unserer, sondern nach der entgegengesetzten
Seite hin. Dort saß aber auf einem bereits von Ästen und
Zweigen gereinigten Baumstamm ein sechs- bis achtjäh-
riges Mädchen aus dem Bürgerstand und tändelte auf sei-
nem Schoße ein kleines Kind, das seinem Jahre entgegen-
laufen mochte.

Auf diese Kinder schlug der Baum und sofort ließ sich aus
dem Dunkel der Baumkrone ein herzzerreißendes Zeter-
geschrei vernehmen. Voll Angst und Schrecken eilten wir
hinzu, fürchtend, die dicken Äste hätten Mädchen und
Kind zerschmettert. Doch wer beschreibt unsere freu-
dige Überraschung, als wir die Gewißheit erlangt hatten,
dass beide Kinder noch lebten, ja, ganz unversehrt waren.
Zwischen zwei dicken Stammästen – Von GOTTES all-
mächtiger Vaterhand Beschützt – saßen sie noch auf ih-
rem Platz.

Zunächst wurde das zitternde Kindlein aus dem Zwie-
licht des Laubdaches hervorgeholt – und freuete sich, als
es wieder athmete im rosigen Licht. Unterdessen man
sich noch damit beschäftigte, auch das weinende Mäd-
chen aus der Zwackel herauszuarbeiten, waren von allen
Seiten viele Menschen herbeigeströmt, welche zum Theil
durch die Kunde dieses Vorfalls von Mitleid und Freude
ergriffen, diese leichenblassen Kinder für ihre ausgestan-
dene Todesangst durch reichliche Gaben zu entschädigen
suchten.

Wenn die Mittheilung dieser Tatsache bei den vielleicht
noch lebenden Personen, die jetzt ein Alter von vierzig
und einigen Jahren erreicht haben würden, zu Gesicht

oder Gehör kommen sollte, so dürfte es gewiß für Manchen unter uns von Interesse sein, auf diesem Wege zu erfahren, wem unser HERRGOTT damals auf eine so wunderbare Weise seinen väterlichen Schutz zu Theil werden ließ.

Hanau.
Lehrer Willmann"

Die Beseitigung der „Esplanade"

Am 20. April 1820 wurde die den Paradeplatz umziehenden Ketten nebst der Steine, woran sie befestigt waren, abgebaut und die Linden in der sogenannten Allee gefällt. So konnten der Exerzierplatz und die Esplanade zum großen Exerzierplatz ausgebaut werden.

Links das Zeughaus, rechts die Häuserzeile von der Fahrstraße bis zur Rosenstraße. In dieser Häuserzeile befand sich auch das Geburtshaus der Brüder Jacob und Wilhelm Grimm. Im Osten, Süden und Westen sind die beschriebenen Ketten und Ständer zu sehen, die entfernt wurden. Auch die Bäume im Vordergrund mussten weichen. Sie standen in Verlängerung der Fahrstraße bis zur Nordseite der damaligen „Esplanade". Auch die die Esplanade umlaufenden Holzpfosten und Querbalken wurden entfernt.

Wilhelm Ziegler beschrieb auch dieses Ereignis wie folgt:

„Am 19. Juni erschien eine polizeiliche Verordnung, wonach den Fußgängern erlaubt wird, über diesen Platz gehen zu dürfen. Dagegen darf bei ausdrücklicher Strafe mit keinerlei Fuhrwerken darüber gefahren, noch geritten, noch Vieh darüber getrieben werden. Es wurde nämlich der vom ‚weißen Löwen‘ bis an die Hauptwache gepflasterte Steinweg ebenfalls planiert. Nach mündlicher Überlieferung war der Platz des jetzigen Paradeplatzes, worauf jetzt das Zeughaus mit der Militärhauptwache steht in früheren Jahren mit Kastanienbäumen bepflanzt und führte den Namen: Die Judenallee. Das Zeughaus stand in früheren Jahren in Herreshausen bei Babenhausen und wurde 1782 durch den Landgrafen Erbprinzen Wilhelm hierher gebracht. Wie der Paradeplatz ringsum mit Lindenbäumen neu angepflanzt, so wurde auch von dem ‚weißen Löwen‘, bis an das Eckhaus Nr. 258 längs der Häuserreihe am s. g. ‚Graben‘ am Gerümpelmarkt auf welchem Platz jeden Dientag Vormittag die Juden alte Sachen verkaufen, 12 Stück junge Lindenbäume neu angepflanzt, ebenso 4 Stück vom Theater bis an die Mauer des Bangertgartens. – Unterhalb der Häuserreihe ‚am Graben‘ in der in früheren Jahren größtentheils Gerber wohnten, sollen sich noch große, wasserleere Räume befinden.“

Später erhielten die Juden die Erlaubnis, ihre zum Verkauf ausgelegten Sachen, meistens altes Eisen, Bücher, auf dem Neustädter Markt anzubieten. Hier müssen nun für ortsfremde Leser einige Erklärungen eingefügt werden.

Wer sich von den erwähnten Ketten und Sandsteinpfosten eine Vorstellung machen möchte, der kann diese Art der „Stachelketten“ in beachtlicher Anzahl vor dem Schloss Philippsruhe an der Philippsruher Allee besichtigen.

Die Baumfällaktion lag also tatsächlich ungefähr 120 Jahre zurück. Einen Teil der damals neugepflanzten Linden haben wir als Jugendliche 1937–1944 noch erlebt, einige überstanden sogar den 19. März 1945. Entlang der gelben Mauer an der Westseite des Platzes (Karstadt-Sport-haus Barthelseite) standen keine Bäume. Nach dem Bau der Straßenbahn, die an dieser Stelle eine Ausweichstelle hat-te, standen lediglich auf der Platzseite noch einige Linden.

Der planierte Weg in Verlängerung der Fahrstraße war auch in unserer Jugendzeit für Fahrzeuge gesperrt. Ob auch ein Fahrverbot für Fahrräder bestand, weiß ich nicht mehr. Gefahren sind wir auf jeden Fall, wenn keine Messe oder ein Zirkus dort platziert waren!

Im Eckgebäude Freiheitsplatz/Fahrstraße, damals zum „Weißen Ochsen", befindet sich z. Z. eine Schnellbä-

Blick von Westen in die Philipp-Ludwig-Anlage im Jahre 1895 – zuvor „Am Graben" genannt – damals noch ohne den vom Marktplatz ver-setzten Röhrenbrunnen. Die stattlichen Bäume standen zum Teil auch noch nach dem, in Hanau fast alles zerstörenden Angriff vom 19. März 1945. Alle Häuserreste mussten dem Wiederaufbau weichen. Dort, wo die Baumreihe stand, ist heute etwa die Straßenfront zum Freiheitsplatz, z. B. die Mohrenapotheke. Damals verschwanden mit Sicherheit auch die zuvor von Wilhelm Ziegler erwähnten „großen, wasserleeren Räume".

Hanauer Straßenbahn im Jahre 1915. Hier am Paradeplatz war die am meisten benutzte Ausweichstelle der sonst eingleisigen Linie Nr. 1 vom Hanauer Hauptbahnhof bis zur Rosenau, und mit dem Bau des Beethovenplatzes 1928/1930 endete die Linie 1 an dieser Stelle. Dieser Platz war nicht als Endstation geplant. Erst als in der Nazizeit der Bau der Umgehungsstraße bekannt und 1937–1939 verwirklicht wurde, wurden die Schienen zum „Rundumverkehr" und der Beethovenplatz zur endgültigen Endstation der Linie 1 umgebaut. Der alte Schienenverlauf ist auf verschiedenen Luftaufnahmen zu ersehen. Mit ganz großer Sicherheit war ein Weiterbau die Linie 1 bis mindestens zum Bahnhof Wilhelmsbad geplant. In der Umbauphase zum „Rundumverkehr" war die Haltestelle vor „unser" Haus Beethovenplatz 11 verlegt worden und von unserem Esszimmer war sehr gut das umständliche Umlegen des Stromabnehmers für die Rückfahrt in die Stadt zu beobachten. Ordnungsgemäß war uns gegenüber auch der Haltestellenpfosten mit den Abfahrzeiten der Straßenbahn für die Bauzeit aufgestellt worden. – Am Ende der „gelben Mauer rechts ist das große Eckhaus an der Sternstraße/Hammerstraße zu sehen, in dem sich in meiner Kindheit im Erdgeschoss das Papierwarengeschäft Speitel, Hammerstraße 13, befand.

Blick auf die Verlängerung der Fahrstraße über den Paradeplatz. Die 1825 entfernte Pflasterung hatte sich wohl nicht bewährt und so wurde sicher – nach Beschwerden durch die Bevölkerung – dieser Weg erneut gepflastert. Der Blick auf die Nordfront des Platzes endet an der Ecke des Hauses in Verlängerung der Seitenfront des Zeughauses. Dieses Haus gehörte schon zur Schirnstraße, die auf der linken Straßenseite neben normalen Häusern das alte Gebäude der Hohen Landesschule hatte. Auf der rechten Seite standen, im noch heute zu sehenden Straßenbogen, eine Reihe diverser Geschäftshäuser und auch einige Gaststätten, wie z.B.: Schirnstraße Nr. 1 „Zum Schwarzen Ochsen" (später zum Lämmchen), Nr. 7 „Zum Schwarzen Adler", Nr. 9 „Zum Stern" und Nr. 13 „Zu den Vierjahreszeiten". Diese Gaststätten existierten innerhalb einer Zeitspanne von ca. 250 Jahren, also nicht zur gleichen Zeit.

Im Hintergrund sind zu sehen die Marienkirche und rechts daneben das hohe Dach der Hohen Landesschule. Zwischen dem Zeughaus und der Rückseite der Häuser der Schirnstraße gab es ein wohl unbezeichnetes Gässlein. Zu dieser Häuserreihe gäbe es noch mehr zu erzählen. Aus einem Stadtplan von 1905 ist zu ersehen, dass auch auf der Seite des Gäßleins mit der Rückseite zur Schirnstraße an die Wohneinheiten Häuser angebaut waren, die in der Nummerierung zur Schirnstraße passten. Teilweise wurden Stallungen zu Wohnungen umgebaut.

ckerei. Die Häuserfront am „Graben" lag im weiteren Verlauf ca 15–20 Meter zurück und ging nach einer Querverbindung zur Langstraße, dem sogenannten „Schweinemarkt", im Bogen wieder zurück fast bis auf die Häuserfront am „Weißen Ochsen". Der „Gerümpelmarkt" wurde bei Aufstellung des Brüder-Grimm-Denkmals 1896 durch Aufstellung des Röhrenbrunnens – der seither auf dem Marktplatz stand – zur Philipp-Ludwig-Anlage umgestaltet. Der Röhrenbrunnen wurde ebenfalls 1945 zerstört.

Diese alte „Einbuchtung" in der Straßenfront war durch die Anlage der große Befestigung der Altstadt Hanau bedingt. Die mittlere große Bastion vor der gegenüberliegenden Marktstraße ragte mit seinem Wassergraben in das Baugebiet der Neustadt Hanau hinein.

Ein „gewichtiger Grund" für die Vergrößerung des Platzes: *„25. April 1825. Über den Grund, warum der Paradeplatz vergrößert wird, hört man, dass der seitherige Paradeplatz nicht lang genug ist, um die beiden Bataillone des Regiments in einer Linie aufstellen zu können!"*

Die nordöstliche Ecke des Neustädter Marktplatzes mit Blick in die Fahrstraße, 1944. In dem Gebäude befindet sich heute die Dresdner Bank. Ganz rechts erkennt man noch das Eckhaus Fahrstraße 7/Langstraße, die damalige Metzgerei Wilhelm (heute eine Tchibo-Filiale).

Diese seltene Postkartenansicht zeigt links die Ecke der östlichen Stirnseite des Zeughauses, dann den Einblick in das bereits erwähnte namenlose Gässchen zwischen dem Zeughaus und den Schirnstraßenhäusern. Es folgt der Blick auf das inzwischen „Zum Lämmchen" umbenannte Haus Schirnstraße Nr 1. Die Linie 2 der Hanauer Straßenbahn der Strecke Nordbahnhof zum Westbahnhof musste schon 1928 stillgelegt werden – also nach zwanzigjährigem Betrieb – und wurde durch Omnibusse ersetzt, die nun bis in die Kronprinzenstraße in Kesselstadt und bis in die heutige Yorkstraße fahren konnten. Der bereits erwähnte damalige Schienenpanzer hatte eine Verlängerung der Straßenbahnlinien verhindert. Rechts im Bild hinter der Straßenbahn ist wieder das Gebäude der alten Hohen Landesschule mit hohem Dach zu sehen. Das Hohe Dach mit dem kleinen Türmchen war nach seiner endgültigen Fertigstellung im Jahre 1665 bis zu dem das Dach zerstörenden Brand von 1912 eines der Wahrzeichen der Altstadt Hanau. Nicht sichtbar ist, dass hinter dem Straßenbahnwagen die Schienen dieser Strecke nach rechts in die Nordstraße einbogen.

Klimawandel 1834
in den „Bangertsgärten"?

Die Hanauer Chronik des Wilhelm Ziegler vermeldet für Samstag, den 18. Januar: *„Heute habe ich in unserer Gegend schon Störche gesehen. In Frankfurt am Main blüht gegenwärtig im botanischen Garten der gemeine Mandelbaum und in der Umgegend viele der ersten Frühlingspflanzen, ebenso finden wir hier im hiesigen Bangertsgarten mehrere Bäume mit Knospen und Blüthen."*

Der außerhalb der ersten Altstadtbefestigung liegende „Bangertsgarten" (Baumgarten) war vom 16. bis 18. Jahrhundert als Gemüse- und Obstgarten für die Hofhaltung im Stadtschloss angelegt worden. Bis 1838 wurde er gärtnerisch genutzt. Nach dem Bau der katholischen Kirche, heute Stadtpfarrkirche Mariae Namen, in den Jahren von 1841 bis 1850, wurde der restliche Teil des Bangerts parzelliert.

Auf dem großen Platz „Im Bangert" sind im Dezember 1939 große Platanen zu sehen. Im Hintergrund erkennt man die großen Fenster der katholischen Stadtpfarrkirche. Auch diente der Platz für die Kinder der Stadt als beliebter Spielplatz und musste als Exerzierplatz für das Jungvolk und die Hitlerjugend herhalten.

Der Wandel in der Nutzung des Bangerts

100 Jahre später sah es im „Bangertsgartengebiet" ganz anders aus. Das ursprüngliche Gebiet erstreckte sich vom Paradeplatz (heute Freiheitsplatz) bis zur Brückenstraße (heute Straße Am Frankfurter Tor). Der alte Stadtgraben bildete die südöstliche Begrenzung des Gartengebietes. Dieser Graben gehörte zur vergrößerten Altstadt-Festung und war nach der Erstellung der Befestigung um die gesamte Alt- und Neustadt überflüssig geworden.

Der Graben mündete in den ehemaligen, heute verrohrten, Stadtgraben entlang der Nussallee im Bereich des Frankfurter Tores. Mitte des 18. Jahrhunderts ließ Erbprinz Wilhelm IX. die gesamte, die Alt- und Neustadt trennende Befestigungsanlage einebnen. Der Graben im Bangert blieb aber bis zum Wiederaufbau nach dem Zweiten Weltkrieg, meistens ohne Wasser, erhalten. Vom Freiheitsplatz kommend, gleich rechts, stand bis zum 19. März 1945 das alte Amtsgericht, in dem die Schüler der Hohen Landesschule von 1912 bis 1925 nach dem Brand des alten Gebäudes an der Schirnstraße fast 13 Jahre unterrichtet wurden. Das alte Landgericht war 1911 durch die Errichtung eines neuen Gerichtsbaus an der Nussallee frei geworden und wurde verschiedentlich genutzt.

Der Bangert im Dritten Reich

Im alten Landgericht fanden die von 1933 bis zum Ende des Krieges üblichen Heimabende statt. Es waren eigentlich „Heimnachmittage", denn sie waren jeweils auf Mittwoch- oder Samstagnachmittag angesetzt. Es waren Lehrstunden, die von den jugendlichen „Führern" abgehalten wurden und die uns Kindern das Wissen über den Nationalsozialismus und das Leben Adolf Hitlers vermitteln sollten. Diese Stunden waren allgemein unbeliebt, im Gegensatz zu Geländespielen, Sportwettkämpfen und Zeltlagern.

In Verbindung mit den „Heimabenden" wurde der große Platz, auf dem die inzwischen zu beachtlichen Bäumen he-

rangewachsenen Platanen standen, sehr oft zum Exerzierdienst benutzt. Der Exerzierdienst war kein Vergnügen.
Unangenehm wurde es, wenn der leitende Jungzug- oder
Fähnleinführer mit dem Ergebnis des Gesangs oder des
Marschierens nicht zufrieden war und das in der Hitlerzeit
übliche „Schleifen" begann. Auf des Kommando „Hinle-
gen" mussten wir uns auf den sandigen Boden legen, „auf
dem Koppelschloss kehrt" bedeutete, dass wir uns auf dem
Bauch liegend um 180 Grad drehen und z. B. Richtung Brückenstraße „vorwärtsrobben" mussten. Oft kam das Kommando „Sprung auf, marsch, marsch" und wir mussten in
der angegebenen Richtung losrennen. Auf das Kommando
„Achtung" hatte man plötzlich in Richtung des Komman-
dierenden stramm zu stehen. Und wir gehorchten! Wir waren damals zwischen 10 und 14 Jahre alt.

In diesem alten Landgerichtsgebäude hatten der „Jungstamm 98 Hanau"
des Jungvolkes im Erdgeschoss eine ganze Anzahl von Räumen zur Verfügung gestellt bekommen. Und so hatte auch das Fähnlein V mit Buben
aus dem Hanauer Westend und aus Kesselstadt dort eigene Räume. Meistens trafen wir uns an der Rosenau und marschierten von der Hospitalstraße über den großen Platz „Im Bangert" zum alten Landgericht.

**Der Bangert als Spielplatz
und als neue Bleibe für den Wochenmarkt**

Im Dezember 1941 kündigt die Kinzig-Wacht (seit 1941 die NSDAP-Parteizeitung für die Region Hanau) die Verlegung des Hanauer Wochenmarktes auf den freien Platz „Im Bangert" unterhalb der katholischen Stadtpfarrkirche an. Versehen mit einer Skizze, ist dieser Bericht ein Beweis, dass tatsächlich entlang des ehemaligen Stadtgrabens eine Holzbudenreihe mit zwanzig ständigen, verschließbaren Verkaufsräumen von je drei Metern Länge für die Marktbeschicker aufgebaut worden war. Diese hatten sich beklagt, dass sie bei schlechter Witterung immer im Freien stehen müssten und dass darunter der Verkauf leiden würde. Es wurde Abhilfe geschaffen: „..Neben den geschlossenen und abschließbaren Ständen werden in der Mitte des Platzes auch noch offene Stände bereitgestellt. Aus diesem Grunde wurden Planierungsarbeiten und Bodenbefestigungen durchgeführt, die eine Ablenkung der Feuchtigkeit und einen trockenen Stand sichern..." Voller Zuversicht sollten in den Orten im Landkreis über

Bildliche Darstellung der neuen Marktstände. Im Hintergrund der Zeichnung sind Gärten und die Rückseiten der Häuser der Frankfurter Straße nicht berücksichtigt, heute „Am Frankfurter Tor" benannt. Die „Frankfurter Straße" ging damals direkt durch das Frankfurter Tor. Der hinter den Buden liegende, trockengelegte Stadtgraben (auch Gerbergraben genannt) war teilweise von Buschwerk überwuchert.

Im Hintergrund die am Stadtgraben entlang aufgestellten Holzbuden für die Marktbeschicker. Im schneereichen Winter 1941/42 war es schwierig an die im Hintergrund sichtbaren Verkaufsbuden heranzukommen. Nur wenige Buden waren geöffnet, das Angebot in dem Winter bei Temperaturen bis unter – 30 Grad sehr gering!

die Bürgermeister die Erzeuger wegen einer Beschickung des neuen Marktes angeschrieben werden, um „... *eine für Stadt und Land gedeihliche und vor allen Dingen auch in kommenden Friedenszeiten aussichtsreiche Zusammenarbeit einzuleiten und auszubauen. Am kommenden Sonnabend wird dann zum ersten Male der Verkauf nicht mehr auf dem Marktplatz in der Stadtmitte, sondern an den Verkaufsständen ‚Im Bangert' stattfinden...“* Die guten Vorsätze, den Marktbeschickern eine bleibende Statt in Hanau anzubieten, sollten den Krieg nicht überdauern. Alle Verkaufsbuden wurden ein Opfer des Flammeninfernos vom 19. März 1945. Gerne nehmen die Marktbeschicker heute die Gelegenheit wahr, auf einem der schönsten Wochenmärkte in weitem Umkreis ihre Ware auf den Neustädter Markt anzubieten.

Die Schreckensnächte des 6. Januar und des 19. März 1945

Welche Folgen die beiden Angriffe auf Hanau hatten, ist allseits bekannt. Sie führten zur fast totalen Zerstörung der Alt- und Neustadt Hanau. Viele Menschen verloren ihre gesamte Habe, standen buchstäblich vor dem Nichts.

Nachstehend wird erzählt, wie es den Familien Grüßing und Becker erging. Erna Becker, geb. Grüßing, Jahrgang 1921, berichtete dem Autor:

„Jung verheiratet, wohnten wir im Hause meiner Schwiegereltern in der Uferstraße Nr. 3 (heute Otto-Wels-Straße). 1944 wurde unser erster Sohn geboren und wir wurden im Dezember 1944 durch die NSDAP nach Erbstadt evakuiert, um dort vor den Fliegerangriffen geschützt zu sein. Meine Eltern verloren in der Uferstraße Nr. 3 am 6. Januar 1945 fast ihren ganzen Besitz. Der zunächst gelöschte Brand hatte sich durch weitergeflossenen Phosphor aus dem Dachgeschoss in die darunterliegenden Wohnräume ausgebreitet und das Feuer war nicht mehr einzudämmen. In der Wohnung der Nachbarschaft, die gegenüber in der Uferstraße wohnten, konnten die Schwiegereltern zunächst eine Bleibe finden.“

„Meine Großeltern Grüßing wohnten in der Französischen Allee Nr. 16, gleich links neben dem Eckhaus der Schreinerei Nickel Nr. 14. Mit einem Pferdefuhrwerk fuhr ich mit einem Bauern im Februar 1945 nach Hanau, um von dort die notwendigsten dort lagernden Dinge nach Erbstadt zu holen. Zwei Koffer mit neuer, noch unbenutzter Wäsche, blieben in Keller stehen. ‚Es wird schon nichts passieren‘, so waren meine Gedanken. Bei dem Angriff vom 6. Januar 1945 waren schon weite Teile des Marktplatz-Areals und auch Gebäude an der Französischen Allee zerstört worden. Die mächtige Wallonisch-Niederländische Kirche jedoch stand noch fast unbeschädigt wie eine Trutzburg, so, als wollte sie sagen: ‚Meine

Französische Allee Nr. 16. Hier wohnten die Großeltern Grüßing. Die zu ebener Erde liegenden Erdgeschosswohnungen ergaben tiefliegende Keller, in denen alle brennenden Gegenstände zu Asche verglühten.

starken Mauern haben den Dreißigjährigen Krieg überdauert, sie werden auch weiter standhalten.'

Doch es kam ganz anders. In den frühen Morgenstunden des 19. März 1945 um 4 Uhr 25 Minuten kam das Ende für unsere Vaterstadt. Weniger als zwanzig Minuten dauerte das Höllenbombardement, das die ganze Alt- und Neustadt Hanau zerstörte. Die Großeltern verließen sofort nach dem Angriff den noch unbeschädigten Gewölbekeller. Das Haus und alle Häuser rundum brannten. Auch die bereits zerstörten Häuser brannten erneut. Die Großeltern flohen trotz großer Hitze durch die brennenden Straßen zur Steinheimer Mainbrücke und kamen zunächst in Steinheim unter. Erst am nächsten Tag fuhr ich mit dem Fahrrad von Erbstadt nach Hanau.

Nach über vierundzwanzig Stunden brannte die Stadt noch an vielen Stellen. Die in der Fallbachstraße woh-

Blick im Sommer 1944 in die noch unzerstörte Paradiesgasse. Im linken Eckhaus, heute Paradiesgasse Nr. 1, damals Französische Allee Nr. 14, wohnte Schreinermeister Nickel und hatte auch auf diesem Grundstück seine Schreinerwerkstatt. Frau Beckers Großeltern Martin Grüßing und A.A.M.Grüßing wohnten links neben dem abgebildeten Eckhaus, wie auf dem nebenstehenden Bild zu sehen. Im Hintergrund ist das noch unzerstörte Neustädter Rathaus. Auch das vor Bäumen stehende Brüder-Grimm-Denkmal ist zu erkennen.

nenden Eltern hatten dort das ebenfalls zerstörte Haus verlassen und in Kilianstädten Unterkunft gefunden. Auf den Straßen lagen viele in dem in kurzer Zeit entstandenen Feuersturm verbrannte und verglühte Leichen. Die Feuerwehren mussten immer wieder Gassen freispritzen, um überhaupt in die Stadt kommen zu können. Über die unendlichen Trümmerberge war es nur möglich, mein Fahrrad zu schieben oder zu tragen.

Vor dem Haus angekommen, berichteten Bekannte der Großeltern, dass sie nach Steinheim entkommen konnten. Der an sich sichere Gewölbekeller war nicht eingestürzt, die im Keller untergebrachten Möbelstücke standen schwarzgrau an Ort und Stelle und stürzten bei der geringsten Berührung in sich zusammen. Auch meine

Über diese Trümmerberge musste sich Frau Becker als junge Frau in den Tagen nach dem Angriff vom 19. März 1945 hinwegquälen, um über das Schicksal ihrer Großeltern Klarheit zu beschaffen. Für viele Hanauer war die Suche nach Angehörigen vergebens. So wie auf diesem Bild war die ganze Stadt ein Trümmerfeld.

Wäschekoffer waren verglüht. Ein Zögern der Großeltern wäre das sichere Ende gewesen."

Eine nicht genau festgestellte Anzahl der in den Kellern verbliebenen Bürger sind in dem Flammeninferno des 19. März 1945 verbrannt oder erstickt. Auch das Wahrzeichen der Stadt Hanau, die Wallonisch-Niederländische Kirche mit ihrer einmaligen Dachkonstruktion war ausgebrannt. Die mächtigen Außenmauern haben den Feuersturm überstanden, und die Außenmauern der Ruine des Wallonischen Kirchenteiles umschließen heute als Mahnung für die nachkommenden Generationen die im Innenhof errichtete Gedenkstätte und die in diesem großen Achteck errichtete Begegnungsstätte der Kathinka-Platzhoff-Stiftung.

Drei Familien hatten neben dem Verlust des größten Teiles der persönlichen Habe, das große Glück, keine Familienangehörigen verloren zu haben. Mit sozialem Engagement über viele Jahre der Nachkriegszeit hat Frau Becker mit ihrer Familie für dieses Glück gedankt.